Alexandra Schlennstedt | Jobst Schlennstedt

111 Orte für Kinder in und um Lübeck, die man gesehen haben muss

111

emons:

Bibliografische Information der Deutschen Nationalbibliothek
Die Deutsche Nationalbibliothek verzeichnet diese Publikation in der Deutschen Nationalbibliografie; detaillierte bibliografische Daten sind im Internet über http://dnb.d-nb.de abrufbar.

MIX
Papier aus verantwortungsvollen Quellen
FSC® C083411

Layout: Editorial Design & Artdirection, Conny Laue, Bochum, nach einem Konzept von Lübbeke | Naumann | Thoben und Nina Schäfer
Kartografie: altancicek.design, www.altancicek.de
Kartenbasisinformationen aus Openstreetmap,

Druck und Bindung: CPI – Clausen & Bosse, Leck
Printed in Germany 2020
ISBN 978-3-7408-0845-7
Originalausgabe

VORWORT

111 spannende Orte für Kinder in und um Lübeck? Kein Problem für uns. Als Eltern tragen wir ganz einfach unsere liebsten Kinderorte zusammen. Dachten wir. Aber als wir mit der Recherche für dieses Buch begannen, stellten wir schnell fest, dass es hier ganz viele tolle Orte und Aktivitäten für Kinder gibt, von denen wir bislang noch nie gehört hatten. Und mussten die schwierige Entscheidung treffen, welche davon wir zu den 111 sehenswertesten zählen, die es in unser Buch schaffen sollten.

Nach einem Sommer vollgepackt mit Ausflügen in die Natur, sportlichen Wagnissen, spannenden Museumsführungen, tierischen Bekanntschaften und gemütlichen Cafébesuchen können wir nun mit ein wenig Stolz unsere Auswahl präsentieren. Doch eigentlich sind die meisten davon keine »Orte für Kinder«, sondern vielmehr »Orte für Familien«, an denen auch die Großen ihren Gefallen finden. Und darum geht es ja: gemeinsame Unternehmungen, die schöne Erinnerungen schaffen. Oder auf Neudeutsch: Quality Time. Na dann, raus mit euch und erlebt was! Lübeck und sein Umland bieten die besten Voraussetzungen dafür.

Alexandra und Jobst Schlennstedt

111 Orte

1_DAS FIELD & FUN

Paradies für Trekker-Fans

Endlich einmal selbst Trecker fahren. Dieser Wunsch geht in einer ehemaligen Scheune auf dem Gut Sierhagen in Erfüllung. Okay, nur im Maßstab 1:32 und mit Fernsteuerung. Dafür aber wahlweise mit Anhänger, Schaufel oder Pflug. Auf einer großzügigen Fläche können die Siku-Control-Traktoren über einen vielseitigen Parcours mit Straßen, Brücken sowie Äckern fahren und sogar zu einem »Steinbruch« gesteuert werden. Es gibt auch ein elektrisch betriebenes Förderband, das die Ladung, bestehend aus kleinen Korkstückchen, auf die Anhänger verfrachtet. Mit so viel Liebe zum Detail werden die kleinen Traktoren zum riesigen Spaß, von dem sich nicht selten auch die Erwachsenen anstecken lassen.

Herr über die Fahrzeuge ist Sven Ole Larson. Er ist leidenschaftlicher Modell-Sammler und zeigt einen Teil davon auf den field-&-fun-Ausstellungsflächen. Dabei stellt er die Miniaturlandschaft regelmäßig um, passt sie der Jahreszeit an und baut immer wieder neue Details und Themen ein. Darüber hinaus finden mehrmals in der Saison Sonderausstellungen zu speziellen Themen statt, die in Vitrinen präsentiert werden.

Im hinteren Teil der Scheune gibt es zusätzlich noch einen Spielbereich für die Kleinsten – mit Tret-Traktoren und Holzpferd. Und wer zwischendurch eine Stärkung braucht, für den bietet das Café eine leckere Auswahl an hausgemachten Speisen.

Adresse field-and-fun-Platz 1, 23730 Sierhagen, www.fieldandfun.de // **Anfahrt** A 1, Ausfahrt Neustadt-Mitte, Richtung Neustadt fahren, am zweiten Kreisverkehr Richtung Roge, Beschilderung Richtung (Gut) Sierhagen folgen // **Öffnungszeiten** April–Ende Okt. Mi–So 11–18 Uhr // ab 5 Jahre

TIPP: Auf Gut Sierhagen befindet sich auch das Palmenhauscafé mit seinem großen schönen Garten.

2_DER KINDERRECHTEPARK

Skulpturen mit wichtiger Botschaft

Ein symbolischer Ort für Kinder wurde im Zentrum von Bad Oldesloe geschaffen. Das Kinderhaus Blauer Elefant, das eine Einrichtung des Deutschen Kinderschutzbundes ist, hat auf dem Exer einen Kinderrechtepark geschaffen. Zusammen mit regionalen Künstlern und der Mithilfe von vielen Kindern wurden hier verschiedene Skulpturen errichtet. Jedes Kunstwerk soll auf ein anderes Kinderrecht verweisen, wie in der UN-Kinderrechtskonvention verankert. Die in 54 Artikeln festgehaltenen Rechte auf Schutz, Bildung, ein selbstbestimmtes Leben und noch viel mehr gelten in Deutschland seit 1992 und sollen an dieser Stelle sichtbar gemacht werden.

Die 2010 bei der Einweihung des Parks als erste aufgestellte Installation symbolisiert das Recht auf Leben und auf einen eigenen Namen. Sie besteht aus einem Häuschen, gebaut aus vielen unterschiedlichen Holzbausteinen, die von Kindern mit ihrem Namen beschriftet wurden. Auch an Astrid Lindgren, die sich mit ihren Geschichten schon zur damaligen Zeit dafür eingesetzt hat, dass Kinder frei sein und vor allem ohne Gewalt erzogen werden sollen, wird mit einem Kunstwerk erinnert. Ihre Geschichte *Steine auf dem Küchenbord* wird bildlich dargestellt und symbolisiert das Recht, ohne körperliche und seelische Gewalt aufzuwachsen.

Der Kinderrechtepark ist ein langfristig angelegtes Projekt. Es kommen immer wieder neue Kunstwerke hinzu, wie zum Beispiel 2018 die zwei bunten Fotowände mit Gucklöchern.

Adresse Am Bürgerpark 4, 23843 Bad Oldesloe // Anfahrt A 1, Ausfahrt Bad Oldesloe, B 208 Richtung Bad Oldesloe, rechts auf Berliner Ring (B 208), halb links halten, um auf Berliner Ring (B 75) zu bleiben, links auf Schützenstraße, links auf Am Bürgerpark

TIPP: Im nahe gelegenen Travebad (Konrad-Adenauer-Ring 1 e) können Kinder ihr Recht auf Freizeit und Spiel einfordern.

3_DAS ALTE STELLWERK

Modelleisenbahn am authentischen Ort

Eine Modelleisenbahn steht heutzutage nicht mehr oft auf der Wunschliste für Weihnachten. Und dennoch ist die Faszination für die detailgetreuen Mini-Züge ungebrochen. Nicht umsonst pilgern jährlich über 1,4 Millionen Besucher ins Miniatur-Wunderland nach Hamburg!

Einige Nummern kleiner ist die Modelllandschaft mit der Spur H0, die die Eisenbahnfreunde Bad Schwartau im historischen Stellwerk »Sn« aufgebaut haben, das ihnen als Vereinsheim dient. Aber auch sie haben die Landschaft, die den Bahnhof Bad Schwartau zu früheren Zeiten darstellt, sehr detailreich nachgebaut. Jeden Mittwoch treffen sich die Modelleisenbahner im Stellwerk und laden Interessierte ein, sich die Bahn anzusehen. Dabei dürfen auch eigene Züge mitgebracht und gefahren werden. Kinder und Jugendliche, die sich intensiver mit dem Hobby beschäftigen wollen, können zu den wöchentlichen Jugendgruppentreffen kommen.

Da im Verein nicht nur Modellbauer, sondern auch ehemalige Eisenbahner aktiv sind, ist aus dem Stellwerk gleichzeitig ein kleines Museum geworden. Aus einem benachbarten Stellwerk wurde die originale Hebelbank hier wieder aufgebaut. Weitere Sammlerstücke wie historische Leuchten, ein Ausgabegerät für Edmondsonsche Fahrkarten sowie ein Schalter der historischen Lübeck-Büchener-Eisenbahn sind ebenfalls zu sehen. Und alle zwei Jahre stellt der Verein eine erfolgreiche Ausstellung mit insgesamt etwa 1.000 Quadratmetern Fläche auf die Beine, die drei Hallen einer Bad Schwartauer Schule füllt.

TIPP: Für die eigene Modellbahnwelt kann man neue und gebrauchte Züge bei Lok 22 in Lübeck (Im Gleisdreieck 45) kaufen.

Adresse Geibelstraße 13, 23611 Bad Schwartau, www.efs-badschwartau.de // **ÖPNV** Zug ab Hbf Lübeck nach Bad Schwartau, Verladestraße entlang der Schienen weiter Richtung Norden gehen bis zum Stellwerk // **Öffnungszeiten** Mi 19–21 Uhr, Termine der Jugendgruppe siehe Website // ab circa 6 Jahre

4_ BUBBLE-SOCCER

Schubsen erwünscht!

Fair Play hat auch schon bei den ganz kleinen Kickern oberste Priorität. Aber mit dem einen oder anderen geht es trotzdem auch mal durch, und der Gegner wird weggerempelt, um an den Ball zu kommen. Für all diese Spieler, die sich manchmal fragen, ob sie nicht doch beim Rugby besser aufgehoben wären, gibt es seit ein paar Jahren die neue Funsportart Bubble-Soccer. Und für alle anderen natürlich auch!

Beim Bubblesoccer ist Schubsen erlaubt, ja sogar Teil der Spielstrategie. Das tut nämlich gar nicht weh, weil die Oberkörper der Spieler in Kunststoffkugeln mit etwa 1,5 Metern Durchmesser stecken. So gut gepolstert, werden Stöße und Stürze locker abgefangen. Dabei kommt es oft zu urkomischen Kugeleinlagen.

In der Regel wird in Teams mit jeweils fünf Spielern angetreten, wobei drei Spieler sich auf das Umstoßen der Gegner konzentrieren und zwei versuchen, den Ball zu ergattern und Tore zu schießen. Bei Kindern gibt es meist keine Strategie, da steht einfach der Spaß am Schubsen und Herumkugeln an erster Stelle.

Aber auch wenn es so locker und lustig aussieht – Bubble-Soccer ist richtig anstrengend. Außerdem wird es unter den Kugeln ganz schön warm. Daher dauert eine Spielzeit meist nur fünf bis sieben Minuten. Wenn die Kids nach dem Riesenspaß dann doch wieder Lust auf ein ernsthafteres Spiel haben, können sie in der Soccerhalle auch auf den normalen Indoor-Fußball umsteigen.

Adresse Langenfelde 1a, 23611 Bad Schwartau, www.hanse-soccer.de // **Anfahrt** A 1, Ausfahrt Bad Schwartau, links auf Cleverbrücker Straße, rechts auf Cleverhofer Weg (von Norden abfahrend direkt geradeaus auf Cleverhofer Weg), rechts auf Hindenburgstraße, links auf Alt Rensefeld, links auf Langenfelde // **Öffnungszeiten** Mo–Fr 16–22 Uhr, Sa, So 14–21 Uhr // ab 8 Jahre

TIPP: Wer lieber Freiluftsport mag, kann sich auf der Skater- und Dirtbahn im Bürgerpark (Nähe Großer Parksee) austoben.

5_DAS NOCTALIS

Vorsicht, fliegende Hunde!

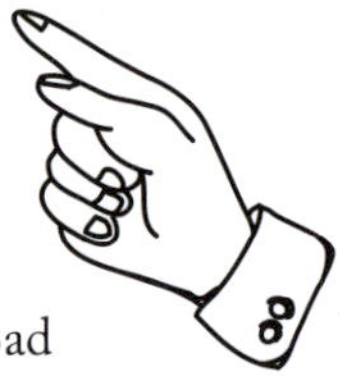

Wenn es einen wirklich passenden Ort für ein Fledermausmuseum gibt, dann ist der am Kalkberg in Bad Segeberg. Denn in der Gipshöhle des Bergs überwintern jedes Jahr rund 30.000 der Flattertiere. Damit ist sie eines der bedeutendsten Winterquartiere für Fledermäuse in ganz Europa.

2006 wurde am Kalkberg die Erlebnisausstellung Noctalis eingerichtet. Auf vier Etagen werden viele interessante Fakten aus der Welt der Fledermäuse präsentiert und Besucher durch die Kalkberghöhle geführt. Drei Etagen des Museums widmen sich den verschiedenen Lebensräumen der fliegenden Säugetiere: Höhlen, Wäldern und Städten. Jede Ebene ist in ihrer Gestaltung einem dieser Lebensräume nachempfunden. Dabei ist es nicht nur in der Höhle dunkel, sondern auch den Wald und die Stadt betritt man bei Nacht im schummrigen Dämmerlicht. Hier wird viel Wissenswertes über die Welt der Fledermäuse sehr anschaulich und lebendig präsentiert.

Damit man in der Dunkelheit alles erkennen kann, werden die Besucher mit speziellen Leihtaschenlampen ausgestattet. Speziell deshalb, weil man sie aufgrund ihres blauen Filters auch in der vierten und wahrscheinlich spannendsten Etage nutzen kann: Hier befindet sich nämlich das Noctarium mit verschiedenen nachtaktiven Tieren und natürlich mit einem ganzen Schwarm von Fledermäusen. Damit die sich am Tag den Bewohnern möglichst aufgeweckt präsentieren, wurde ihr Tag-Nacht-Rhythmus umgestellt. So kann man über 100 tropischen Brillenplattnasen bei ihren akrobatischen Flugkünsten zusehen.

TIPP: Auf den Kalkberg führt ein kurzer Spazierweg. Von hier aus hat man eine schöne Aussicht und kann einen Blick auf die Bühne der Karl-May-Spiele werfen.

Adresse Oberbergstraße 27, 23795 Bad Segeberg, www.noctalis.de // **Anfahrt** A 20, Ausfahrt Bad Segeberg, Beschilderung Richtung Kalkberg/Karl-May-Spiele folgen, Parkplatz in der Lübecker Straße oder bei der Freilichtbühne nutzen // **Öffnungszeiten** April–Sept. Mo–Fr 9–18 Uhr, Sa, So 10–18 Uhr, Okt. Mo–Fr 9–17 Uhr, Sa, So 10–18 Uhr, Nov.–März Di–Do 9–14 Uhr, Fr–So 10–18 Uhr (Höhle nur von April–Sept.) // ab circa 4 Jahre

6_DAS EISCAFÉ BÄK

Großer Genuss in gemütlicher Umgebung

Malerische Landstraßen nur unterbrochen von beschaulichen Dörfern – das ist der schöne Landstrich am Ostufer des Ratzeburger Sees. Perfekt für eine ausgedehnte Radtour. Doch wer kräftig in die Pedale tritt, der braucht zwischendurch eine Erfrischung. Zum Glück gibt es im kleinen Dörfchen Bäk eine Eisdiele. Aber das ist nicht irgendeine Eisdiele. Das Eiscafé Bäk hat eine große Auswahl an Sorten, die auch noch so unglaublich lecker sind, dass sie es locker mit einer Großstadteisdiele aufnehmen können. Neben den klassischen Sorten ist »Black Mamba«, die tatsächlich so schwarz ist, wie sie heißt, ein echtes Unikum, das es nur hier gibt.

Besonders nett ist auch der Service. Hier wird man mit seiner Eistüte nicht gleich weggescheucht, weil die Tische nur für die Gäste reserviert sind, die sich die großen Eisbecher gönnen. Für diejenigen, die lieber nur ein, zwei Kugeln Eis auf die Hand nehmen, stehen im vorderen Teil des Grundstücks Bänke bereit. Wenn man sich hingesetzt hat, sein Eis genießt und den Blick durch den schönen Garten der ehemaligen Dorfschule schweifen lässt, ist gewiss, dass man wiederkommen wird. Dann lohnt es sich, doch auch mal am Tisch Platz zu nehmen. Denn außer Eisbechern gibt es auch Kaffee und Kuchen und für die kleinen Leckermäuler frisch gebackene Waffeln! Wahlweise mit oder ohne Eis. Mmh, lecker!

Adresse Schulstraße 25, 23909 Bäk, www.eiscafe-baek.de // **Anfahrt** Ratzeburger Allee bis Groß Grönau, oder A 20, Ausfahrt Groß Sarau, am Kreisverkehr Richtung Groß Sarau abfahren, links Richtung Rothenhusen, weiter bis Utecht, links auf Dorfstraße, rechts auf Hauptstraße, Beschilderung Richtung Römnitz und weiter Richtung Bäk folgen, Eiscafé direkt an der Durchfahrtsstraße // **Öffnungszeiten** siehe Website

TIPP: Noch mehr Erfrischung gibt es an der Badestelle Bäk, wo man im Domsee mit Blick auf die Inselstadt Ratzeburg schwimmen kann.

7_DAS BUDDELSCHIFF-MUSEUM

Wo die Titanic noch immer schwimmt

Ursprünglich war es ein Zeitvertreib von rauen Seemännern, wenn sie lange auf ihrem Schiff unterwegs waren. Heute ist es ein Hobby, dem meist Erwachsene nachgehen, dessen Ergebnis aber auch Kinder ganz besonders fasziniert. Die Rede ist vom Buddelschiffbau. Denn die detailgetreu nachgebauten Schiffsmodelle in ihren Flaschen – Pardon, Buddeln – sehen nicht nur hübsch aus. Wer sie betrachtet, den lässt die Frage nicht los, wie sie eigentlich dort hineingekommen sind.

In dem kleinen privaten Museum von Jürgen Kubatz erhält man die Antwort. Er stellt hier über 250 Buddelschiffe aus, von denen er fast alle selbst gebaut hat. Vom historischen Segelschiff über die legendäre Titanic bis zum modernen AIDA-Kreuzfahrtschiff ist alles dabei. Oftmals erhält er private Bestellungen für ein bestimmtes Schiff. Dann baut er das Modell gleich zweimal und behält eines davon für seine private Sammlung.

Der Museumsbetrieb läuft recht unkompliziert: Wenn die Tür offen ist, ist auch das Museum geöffnet. Es kostet keinen festen Eintritt, sondern man wirft am Ende den Betrag in die Sammelbox, den einem der Besuch wert war. Wenn Jürgen Kubatz persönlich im Museum ist und die Kinder viele Fragen dazu haben, wie das mit dem Bau genau funktioniert, dann setzt er sich auch gern mit ihnen in die Werkstatt und führt ihnen vor, wie er die Buddelschiffe zusammensetzt.

TIPP: An der Ostseeallee liegt auch der Boltenhagener Kletterpark, in dem Kinder und Erwachsene in luftige Höhen klettern können.

Adresse Ostseeallee 23, 23946 Ostseebad Boltenhagen // **Anfahrt** von Lübeck B 104 Richtung Selmsdorf und weiter auf B 105 Richtung Dassow, von der A 20 Ausfahrt Schönberg auf B 104 Richtung Schönberg, rechts auf Dassower Straße zur B 105, in Dassow auf B 105 bleiben, links auf Klützer Straße Richtung Klütz, in Klütz links auf Rudolf-Breitscheid-Straße, rechts auf Am Markt, links auf Wismarsche Straße, im Kreisverkehr dritte Ausfahrt Richtung Boltenhagen, in Boltenhagen im Kreisverkehr erste Ausfahrt auf Ostseeallee nehmen // **Öffnungszeiten** in der Regel Mo–Fr 14–18 Uhr, Sa, So 13–18 Uhr oder wenn Tür geöffnet // ab circa 4 Jahre

8_DIE CHOCOHELDEN

Paradies für kleine Naschkatzen

Schokolade macht glücklich! Und darum kommen auch alle Besucher der Chocohelden mit einem zufriedenen Lächeln aus dem Laden. Vielleicht, weil sie gerade eine heiße Trinkschokolade genossen, Schokolade mit Knallbrause gegessen oder sich ein »Gläschen Glück« bestellt haben. Bei Letzterem wird die Schokolade – wahlweise in Vollmilch, Zartbitter oder Weiß – lauwarm und cremig zum Löffeln serviert. Da ist der Name Programm!

Aber natürlich gibt es auch Schokolade in fester Form. Und die wird ganz nach Wunsch kreiert. Aus mehr als 30 Zutaten kann man bis zu vier auswählen, die in die helle, dunkle oder weiße Schokolade gemischt werden. Egal, ob mit Pinienkernen, Mini-Marshmallows, geschrotetem Koriander oder Lavendelblüten – der Phantasie sind kaum Grenzen gesetzt. Selbst auf verrückte Sonderwünsche gehen die Schokohelden ein. Wie zum Beispiel die des Kunden, der sich gebratenen Bacon in seiner Schokolade wünschte. Anschließend kann man noch die Dekoration und Verpackung wählen und fertig. Nach zwei Stunden ist die Wunsch-Schokolade abholbar, oder sie wird nach Hause geschickt.

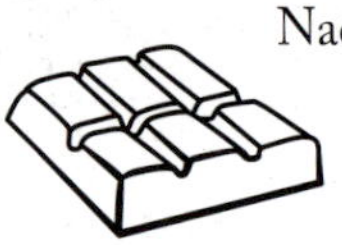

Bei den Chocohelden hat man aber nicht nur die größte Auswahl, sondern auch die beste Qualität. Denn jedes Produkt wird in der eigenen Manufaktur mit frischen Zutaten hergestellt. Wem das zu aufwendig ist oder zu lange dauert, der wird bei der großen Auswahl an fertigen Schokokreationen sicher auch das Richtige für sich und seine Zuckerschnuten finden.

Adresse Ostseeallee 6 B, 23946 Boltenhagen, www.chocohelden.de // **Anfahrt** nach Boltenhagen siehe vorherige Seite, in Boltenhagen im Kreisverkehr erste Ausfahrt auf Ostseeallee nehmen, rechts auf Weidenstieg zum Großparkplatz, Chocohelden am Fußweg zwischen Parkplatz und Ostseeallee // **Öffnungszeiten** täglich 11–17 Uhr

TIPP: Am benachbarten Kurhaus startet die kleine Bäderbahn »Carolinchen«, die Touren im Ortskern, zur Steilküste und zur Weißen Wiek anbietet.

9_LÖDINGS BAUERNHOF

Himbeeren mit Aussicht

Erdbeeren zum Selbstpflücken sind heutzutage weithin bekannt und beliebt. Eine echte Besonderheit gibt es auf Lödings Bauernhof am Ratzeburger See: Hier kann man Himbeeren direkt vom Strauch pflücken! Der Trecker bringt die kleinen Erntehelfer zu den Früchten, und dann geht es los. Und wie bei den Erdbeeren ereilt auch die Himbeeren ein schnelles Ende – die meisten der roten Früchtchen wandern direkt in die Mäuler der kleinen Naschkatzen anstatt ins Körbchen. Aber das macht nichts, genau das macht ja den Spaß an der Sache aus und ist ausdrücklich erlaubt. Schließlich schmecken die leicht verderblichen Beeren auf diese Weise am besten.

Nach der eigenen Ernte oder wenn die Himbeeren gerade keine Saison haben, kann man es sich mit einem Eis oder einem Stück Kuchen auf dem Bauernhof gut gehen lassen. Eine Sandkiste, die große Spielwiese, Tretautos und natürlich die Bauernhoftiere wollen schließlich auch noch erkundet werden. Und das alles mit schönstem Blick auf den Ratzeburger See.

Neben den Himbeeren, die seit 2005 auf Lödings Hof angebaut werden, ist der Bauernhof vor allem für seinen Spargel bekannt. Der wurde 1985 zum ersten Mal hier geerntet. Ebenfalls richtig lange wird auch die Schweinehaltung auf dem Hof betrieben. Seit 2017 haben die Tiere einen modernen, offenen »Wellness-Stall« erhalten, in dem sie sich wohlfühlen. So gibt es für die Kinder zu jeder Jahreszeit etwas auf Lödings Hof zu entdecken.

Adresse Auf dem Ortskampe 1, 23911 Buchholz, www.spargelbuffet.de // **Anfahrt** B 207 Richtung Ratzeburg, Abfahrt Richtung Buchholz, links auf Schulweg, direkt nach der Unterführung links, an der Gabelung rechts, zweite Straße links zum Bauernhof // **Öffnungszeiten** April – Sept. täglich 8 – 19 Uhr

TIPP: Am benachbarten Naturcampingplatz kann man Kanus, Tretboote oder SUPs mieten und den Ratzeburger See unsicher machen.

10_DAS OUTPOST ONE

Aug in Aug mit Luke und Darth

Mehr als 40 Jahre ist es nun schon her, dass Luke Skywalker an der Seite der Rebellen gegen Darth Vader gekämpft hat. Und immer noch ist die Faszination für die Star-Wars-Saga ungebrochen. Oft bauen die Kids schon Star-Wars-Lego-Sets, bevor sie überhaupt den ersten Film sehen dürfen. Wenn die Fan-Euphorie bis ins Erwachsenenalter anhält, treibt sie mitunter die extremsten Blüten. Wie bei Kirstin und Marc Langrock. Die eröffneten im Sommer 2019 ihr eigenes Star-Wars-Museum. In einer großen Scheune zogen sie Zwischendecken und -wände ein, um auf mehr als 1.300 Quadratmetern rund 30 Filmszenen aus der Original-Trilogie in lebensgroßen Sets darzustellen. Und die hauen vor allem eingefleischte Fans vom Hocker! Bei Maschinen und Robotern wurde darauf geachtet, dass selbst die kleinste Schraube korrekt kopiert ist. Die Silikonfiguren wurden in detailgetreuer Handarbeit gefertigt. Bei Grossmoff Tarkin beispielsweise bekommt man ein leichtes Gruseln, denn der streng dreinblickende Todesstern-Kommandant sieht unglaublich echt aus.

Doch die Angst lässt sich im Zaum halten, da man in den Sets nie allein ist. Das Outpost One kann man nämlich nur mit einer Gruppenführung erkunden. Dann wird durch Ton- und Lichteinspielungen die passende Stimmung in der jeweiligen Szenerie erzeugt. Dazu gibt es viele Details zum Aufbau des Sets und natürlich auch eine kurze Einordnung der Filmszene.

Adresse Travemünder Weg 20, 23942 Dassow, www.outpost-one.de // Anfahrt von Lübeck B 104 Richtung Selmsdorf und weiter auf B 105 Richtung Dassow, von der A 20 Ausfahrt Schönberg auf B 104 Richtung Schönberg, rechts auf Dassower Straße zur B 105, in Dassow auf B 105 bleiben, links Richtung Travemünde/Priwall, rechts zum Hof von Outpost One abbiegen // Öffnungszeiten Buchung unter Tel. 0152/02650481 oder info@outpost-one.de // ab 8 Jahre

TIPP: In Dassow lohnt sich auch der Besuch im Tigerpark (Gewerbestraße 35), der im Sommerhalbjahr geöffnet hat.

11_DAS WISENTGEHEGE

Achtung: Verwechslungsgefahr mit US-Verwandten

»Bisons!« So oftmals der erste Ausruf von kleinen Indianerfans, wenn sie die kleine Herde im Wisentgehege Fredeburg erblicken. Kein Wunder, schließlich sind uns die amerikanischen Vertreter der Wildrinder durch Bücher und Filme meist vertrauter als die einheimische europäische Art. Aber tatsächlich sind es zwei verschiedene Tierarten: der Bison und der Wisent. Darum ist es auch falsch, die imposanten Tiere als Büffel zu bezeichnen. So werden nämlich die amerikanischen Bisons genannt, die wie die Wisente zur Familie der Rinder gehören, aber doch einige optische Unterschiede aufweisen.

Der Wisent, der das größte und schwerste Landsäugetier Europas ist, hat einen kleineren Kopf und stärker gebogene Hörner. Mit den Bisons vereint ihn jedoch, dass er trotz seines massiven Gewichts von rund 500 Kilogramm sehr schnell laufen kann. Bis zu 60 Stundenkilometer legt er im Sprint hin und kann dabei über zwei Meter hohe Hindernisse springen. Glücklicherweise haben die Tiere in Fredeburg ausreichend Platz in ihren beiden Wechselgehegen, um diesem Bewegungsdrang nachzukommen. Besonders die Jungtiere kann man oft dabei beobachten, wie sie die älteren Herrschaften zu kleinen Wettrennen animieren wollen. In den 1920er Jahren war der Wisent übrigens fast vom Aussterben bedroht. Durch Züchtungen in Zoos und Wildparks konnte das verhindert werden. Im Laufe der Zeit konnten immer mehr Tiere ausgewildert werden – auch in Deutschland. Das Wisentgehege in Fredeburg gibt es seit 1969, und dank des Engagements der Kreisjägerschaft und von Sponsoren kann es auch in Zukunft erhalten bleiben.

TIPP: Der Demeter-Bauernhof »Domäne Fredeburg« hat einen schönen und kinderfreundlichen Hofladen. Im Sommerhalbjahr gibt es auch tolle Familienveranstaltungen (www.domaene-fredeburg.de).

Adresse Wasserkrüger Weg, 23909 Fredeburg // **Anfahrt** B 207 Richtung Ratzeburg und weiter bis Fredeburg, links auf Wasserküger Weg abbiegen und Parkplatz nutzen, zu Fuß wenige Meter bis zu den Gehegen // **Öffnungszeiten** jederzeit frei zugänglich

12_DER ALPAKAHOF CARPE DIEM

So süß und puschelig!

Große Kulleraugen, eine wilde Frisur und stets ein Lächeln auf den Lippen. Alpakas muss man einfach lieben. Es ist aber nicht nur die Optik der südamerikanischen Kamele, die auf den Menschen eine besondere Wirkung hat, sondern vor allem ihr ruhiges Wesen. Daher werden sie sehr gern für Therapiezwecke eingesetzt.

Wer den kuscheligen Wesen einfach nur ganz nah kommen will, sollte den Alpakahof Carpe Diem besuchen. Hier kann man ein Picknick im Alpakagehege buchen. Dafür sollte man sich aber auch mindestens zwei Stunden Zeit nehmen, denn Alpakas lassen es mit der Kontaktaufnahme eher ruhig angehen. Zunächst beobachten sie die fremden Besucher noch aus der Ferne. Wenn sich dann der Chef der Herde langsam, aber neugierig zu den Picknickern begibt, kommt der Rest der Bande schon bald hinterher. In diesem Moment sollte man es vermeiden, die Tiere zu streicheln, denn Hände mögen sie gar nicht so sehr. Lieber das Gesicht entgegenstrecken, dann nähern sie sich mit ihrer Schnauze. Das ist ihre Art, Hallo zu sagen.

Wenn erst einmal das Eis gebrochen ist, nehmen sie die Menschen gern in ihre Herde auf. Dann kann man gemütlich zwischen den Alpakas sitzen und Zeit mit ihnen verbringen. Wer mag, bucht sogar noch einen Alpakaspaziergang. Dafür sollten die Kinder aber mindestens acht Jahre alt sein und gut teilen können. Denn ein Alpaka führt man immer zu zweit – und lernt dabei schnell: Der Weg ist das Ziel.

Adresse Dorfstraße 15, 23909 Giesensdorf, www.carpe-diem-alpakas.de // Anfahrt B 207 Richtung Ratzeburg, rechts Richtung Nusse/Albsfelde abbiegen, rechts auf Möllerweg Richtung Giesensdorf, rechts auf Dorfstraße // Öffnungszeiten Terminvereinbarung unter Tel. 0176/20181950 oder rntpaul@googlemail.com // ab 8 Jahre

TIPP: Nur wenige Autominuten entfernt liegt Behlendorf mit gleichnamigem See und schöner Naturbadestelle inklusive nettem Kiosk (Seestraße 23).

13_DAS NATUR-ERLEBNIS

Umweltbildung mit Spaßfaktor

Das Naturerlebnis Grabau ist eine naturpädagogische Einrichtung, die für angemeldete Gruppen ein vielfältiges Angebot bereithält. Teile davon sind aber auch für Einzelbesucher ohne Anmeldung jederzeit frei zugänglich. So kann man auf dem Lehr- und Erlebnispfad anschaulich entdecken, wie der Wald den Boden vor Erosionen schützt, wie nachhaltige Forstwirtschaft aussieht oder wer alles im Totholz lebt. Auf dem Pfad gibt es auch einen Hochsitz und eine Vogelbeobachtungshütte, um die verschiedenen Tiere des Waldes beobachten zu können. Und auf dem Barfußpfad lassen sich die unterschiedlichen Bodenarten erfühlen.

Nach so vielen Sinneseindrücken und Lerninhalten ist dann erst einmal Zeit für kräftiges Toben und Spielen. Dafür gibt es den weitläufigen Waldspielplatz mit Rutschen, Kletternetzen, Wippen, Schaukeln und mehr. Viel Spaß macht auch der Niedrigseilgarten, der mit seinen Balancierelementen sowohl das Gleichgewicht als auch die Koordination trainiert. Und auf der Seilbahn beim Hexenhaus kommen all diejenigen auf ihre Kosten, die es gern rasant mögen. Ach ja, ein Arboretum gibt es auch noch – also eine Sammlung von verschiedenen Baumarten. Es ist in den Walderlebnispfad integriert.

Im Naturerlebnis Grabau finden sich so viele Dinge zu entdecken und zu tun, dass man hier locker einen halben oder ganzen Tag verbringen kann. Und nebenbei wird dabei das Verständnis für dieses wichtige Ökosystem gefördert.

Adresse Hoherdamm 5, 23845 Grabau, www.naturerlebnis-grabau.de // **Anfahrt** A 21, Ausfahrt Bad Oldesloe-Nord, links Richtung Bad Oldesloe, rechts Richtung Grabau/Glinde, in Grabau links auf Dorfstraße, rechts auf Hoherdamm // **Öffnungszeiten** jederzeit frei zugänglich, angeleitete Angebote siehe Website // ab circa 3 Jahre

TIPP: Der benachbarte Grabauer See ist ein Natur- und Vogelparadies. In knapp zwei Stunden kann man ihn zu Fuß umrunden.

14_DIE WEGEKAPELLE

Hübsches Kirchlein mit traurigem Ursprung

Fast schon unscheinbar steht sie am Wegesrand, die hübsche Kapelle in Klein Grönau. Wer sie im Vorbeifahren entdeckt, sollte sich auf dem Rückweg Zeit für einen kurzen Zwischenstopp nehmen, denn die Wegekapelle erzählt viel über das Leben in früheren Zeiten.

Wer als Kind in Lübeck aufwächst, kennt die fünf großen Stadtkirchen mit ihrer teilweise prächtigen Innenausstattung. Und man ist überrascht, wenn man erfährt, dass dieses so ganz andere, kleine und schlichte Kirchlein – gerade mal 6,30 Meter breit und 9,10 Meter lang – im Jahr 1409 auch von Lübeckern erbaut wurde. Schließlich war die Stadt damals gerade mal so groß wie die Altstadtinsel und die Wegekapelle damit rund sieben Kilometer entfernt. Sie war aber nicht für Betende auf der Durchreise gedacht, sondern gehörte zum Siechenhaus, das auf der gegenüberliegenden Straßenseite liegt. Menschen mit schweren und ansteckenden Krankheiten mussten hier, getrennt von der Stadtbevölkerung, leben. Für sie wurde die Kapelle errichtet – um zu beten, aber auch um Trauergottesdienste abzuhalten. Denn die Menschen, die ins Siechenhaus kamen, waren meist todkrank.

Heute gibt es bei uns glücklicherweise keine solch schrecklichen Krankheiten mehr, und das Siechenhaus wird als Jugendgästehaus genutzt. In der Kapelle werden im Sommerhalbjahr Gottesdienste – vorwiegend auf Plattdeutsch – abgehalten. In ganz besonders heimeliger Atmosphäre.

TIPP: Ein sehr schöner und gepflegter Spielplatz, umgeben von Bäumen, befindet sich im Grönauer Ortsteil St. Hubertus in der Straße Am Waldrand.

Adresse Hauptstraße 70f, 23627 Groß Grönau // **ÖPNV** Bus 4, Haltestelle Klein Grönau // **Öffnungszeiten** Andachten Pfingsten–Erntedank So 9 Uhr

15_DIE OTTER VON ROTHENHUSEN

Wo die niedlichen Raubtiere wohnen

Dort, wo bei Rothenhusen die Brücke über die Wakenitz, den einstigen Grenzfluss zwischen dem Westen und der DDR, führt, mahnen Verkehrsschilder die Autofahrer zu langsamerem Tempo: Otterwechsel! Doch was die einen zur Vorsicht aufruft, weckt die Neugier der anderen. Hier gibt es Otter?

Während sich Wissenschaftler aufgrund von Kotfunden und anderen Spuren sicher sind, können Radler, Kanupaddler oder Naturbeobachter das Ottervorkommen nur vermuten. Denn schließlich sind Otter dämmerungs- und nachtaktive Tiere – während die Freizeitsportler eher tagsüber unterwegs sind. Trotzdem macht es Spaß, sich auf die Lauer zu legen und abzuwarten, ob man nicht doch einen der putzigen Kerle entdecken kann. Denn in der Wakenitz und am Ufer des Ratzeburger Sees sind Fischotter weit verbreitet. Die Tiere, die auch Wassermarder genannt werden, gehen an flachen und geschützten Uferzonen an Land, um sich auszuruhen.

Idealer Platz zur Beobachtung ist die kleine Insel am Nordufer des Ratzeburger Sees, wo die Wakenitz aus dem See austritt und Richtung Lübeck fließt. Hier steht nämlich das Fährhaus Rothenhusen, ein 1583 errichtetes Fachwerkhaus, in dem sich heute ein Restaurant befindet. Denn wenn das Warten auf den Otter zu lange dauert, kann man sich hier noch eine kleine Stärkung gönnen oder den schön gestalteten Spielplatz erobern.

Adresse Rothenhusener Weg, 23627 Groß Sarau // Anfahrt Ratzeburger Allee stadtauswärts durch Groß Grönau, oder A 20, Ausfahrt Groß Sarau, am Kreisverkehr Richtung Groß Sarau abfahren, links Richtung Rothenhusen, rechts zum Fährhaus

TIPP: Vom Fährhaus Rothenhusen kann man mit dem Ausflugsschiff über den See bis nach Ratzeburg fahren (www.schiffahrt-ratzeburg.de).

16_DAS GUT ROTHENHAUSEN

Die Milch kommt doch nicht aus dem Tetra Pak!

Nur eine kurze Autofahrt von Lübeck entfernt liegt ein kleines Bauernhofidyll, das für jedermann zugänglich ist. Auf Gut Rothenhausen kann man sich mit frischen, auf dem Hof hergestellten Produkten wie Käse, Wurst, Fleisch, Joghurt oder Brot und Backwaren versorgen und auch weitere Bioprodukte einkaufen. Aber die meisten Eltern kommen auch noch aus einem ganz anderen Grund her: wegen der Tiefenentspannung, die sich einstellt, wenn man für einen Nachmittag der Stadt entflieht.

Denn während man gemütlich mit Kaffee und Kuchen vor dem Hofladen sitzt, können sich die Kinder auf dem Biobauernhof frei bewegen. Erste Anlaufstelle ist natürlich der große Spielplatz. Danach geht es aber zielsicher in den Kuhstall und manchmal ganz schnell wieder nach draußen, wenn gar keine Tiere da sind. Denn die stehen auf dem Demeterhof natürlich – wann immer es geht – auf der Weide. Aber jeden Nachmittag, meist gegen halb vier, werden sie in den Stall getrieben und gemolken. Und dabei darf dann sogar zugeschaut werden. Gerade für Stadtkinder ein echtes Erlebnis!

Wenn die Kühe danach wieder auf der Weide sind, kann noch der Rest des Hofes erkundet werden. Dazu gehören Hühner, Schafe, Katzen und andere Tiere. Zurück nach Hause geht es dann mit den frischen Hofprodukten im Gepäck. Übrigens: Einen Lieferservice für die guten Bioprodukte bietet Gut Rothenhausen ebenfalls an. Den Hof kann man ja trotzdem weiterhin besuchen.

Adresse Gut Rothenhausen 4, 23860 Groß Schenkenberg, www.gutrothenhausen.de // **Anfahrt** Kronsforder Allee stadtauswärts auf Kronsforder Landstraße, rechts auf Kronsforder Hauptstraße Richtung Kronsforde, rechts auf Quadebekstraße Richtung Groß Schenkenberg, rechts zum Gut Rothenhausen // **Öffnungszeiten** Di–Fr 9–18 Uhr, Sa 9–16 Uhr

TIPP: Drei Orte weiter südlich in Siebenbäumen gibt es bei Zuckerundsüß hübsche Kinderkleidung und -schuhe sowie Dekoartikel in persönlicher Atmosphäre (www.zuckerundsuess.de).

17_DAS MINIMARE

Mecklenburg en miniature

Schon der großartige Spielplatz ist für Kinder das erste Highlight nach Betreten des minimare-Entdeckerparks. Wie das Wrack eines Piratenschiffs sieht er aus, mit seinem Ausguck oben auf dem Mast, den man durch Gitterröhren erklimmen kann. Direkt daneben liegt auch schon der große Seedrache, der das Schiff vermutlich auf dem Gewissen hat. Wenn dann genug geklettert, gekrochen, gehüpft und balanciert wurde, wird es Zeit, sich der Miniaturausstellung zu widmen, um die es eigentlich im Entdeckerpark geht.

Acht Jahre lang wurde die Neugestaltung des minimare geplant, ein Jahr lang gebaut und im Sommer 2019 endlich eröffnet. Nun kann man in neun Themenwelten die Geschichte Mecklenburg-Vorpommerns vom Mittelalter bis ins 19. Jahrhundert erkunden: von den zahlreichen Schlössern der Region und dem Reichtum der Hansestädte über das Leben der Bauern bis hin zu den Beweggründen der Auswanderer, die sich aus Norddeutschland nach Amerika aufmachten. Diese und weitere Themen werden anhand der Modelle von Schlössern, Windmühlen und Städten dargestellt. Auf den Tafeln daneben finden sich Nummern, die man in die minimare-App eingeben kann, die man sich vor dem Besuch aufs Handy laden sollte. Dort werden die Geschichten zu den einzelnen Themen anschaulich erzählt. Wer sie aufmerksam liest, kann anschließend Quizfragen beantworten und auf diese Weise Andenken in seinem virtuellen Seesack sammeln. So interaktiv macht Wissensvermittlung selbst Geschichtsmuffeln Spaß!

TIPP: An der Straße Richtung Klütz liegt der Biohof Hoher Schönberg. Zwischen den Getreidefeldern und Rinderweiden des Hofes steht ein Aussichtsturm, der einen tollen Blick bis zur Ostsee und zu den Lübecker Kirchturmspitzen bietet.

Adresse Friedensstraße 24, 23942 Kalkhorst, www.minimare.de // **Anfahrt** von Lübeck B 104 Richtung Selmsdorf und weiter auf B 105 Richtung Dassow, von der A 20 Ausfahrt Schönberg auf B 104 Richtung Schönberg, rechts auf Dassower Straße zur B 105, in Dassow auf B 105 bleiben, links auf Klützer Straße Richtung Klütz/Kalkhorst, minimare direkt an der Ortsdurchfahrt // **Öffnungszeiten** Ostern – Okt. täglich 10 – 18 Uhr // ab circa 4 Jahre

18_DE LÜTT KAFFEEBRENNER

Auf schmalen Schienen durch die Landschaft

Wenn sich die kleine Lokomotive, die aussieht, als wäre sie tatsächlich Jim Knopfs Emma, schnaubend und stampfend in Bewegung setzt, schlagen nicht nur die Herzen von kleinen Eisenbahnfans höher. Denn die Fahrt mit einer über 100 Jahre alten Dampflokomotive ist schon ein besonderes Erlebnis. »De Lütt Kaffeebrenner« heißt die Schmalspurbahn, die ab 1905 als »Großherzoglich-Mecklenburgische Friedrich-Franz Eisenbahn« landwirtschaftliche Güter von Klütz nach Grevesmühlen transportierte. Später beförderte sie auch Fahrgäste, die ins nahe gelegene Ostseebad Boltenhagen reisen wollten.

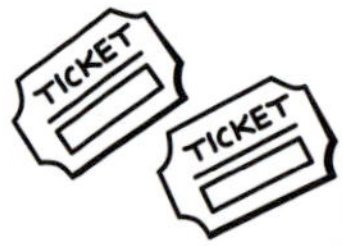

2012 wurde die historische Bahnstrecke wiederbelebt. Dazu mussten sogar die zwischenzeitlich abgebauten Schienen neu verlegt werden. Aber schon ein Jahr später konnten die ersten Fahrgäste einsteigen. In den Sommermonaten kann man nun gemütlich durch die Landschaft von Klütz über Stellshagen und Reppenhagen bis nach Hof Gutow tuckern. Bei gutem Wetter sogar im offenen Wagen.

Die Fahrten unter Dampf sind jedoch etwas ganz Besonderes und finden nur an ausgewählten Terminen statt. In der Regel wird die Bahn von einer der beiden Dieselloks gezogen, die zur Fahrzeugflotte des Kaffeebrenners gehören. Diese sind aber fast genauso alt wie die Dampfloks und mit ihrem knallgrünen und feuerroten Anstrich nicht minder hübsch anzuschauen. Ein Vorteil der Dieselloks: Der Fahrtwind ist gerade in den offenen Wagen wesentlich frischer. Und ein nostalgisches Pfeifen können sie auch von sich geben.

TIPP: Einen Abstecher zum wunderschönen Schloss Bothmer (Am Park) sollte man sich nicht entgehen lassen. Im Zuge seiner Sanierung wurde dort auch ein schöner kleiner Spielplatz angelegt.

Adresse Bahnhofstraße 4, 23948 Klütz, www.stiftung-deutsche-kleinbahnen.de // **Anfahrt** A 20, Ausfahrt Grevesmühlen, links Richtung Grevesmühlen, links auf B 105, rechts auf Klützer Straße Richtung Klütz, in Klütz links auf Schlossstraße, links auf Bahnhofstraße // **Öffnungszeiten** Fahrplan siehe Website // ab circa 4 Jahre

19_DER SCHMETTERLINGS-PARK

Tropisches Flattern in Mecklenburg

Bei nasskaltem Regenwetter für ein Weilchen in tropisches Klima entfliehen? Kein Problem! Dafür muss man nur nach Klütz fahren. Bei 25 Grad und bis zu 90 Prozent Luftfeuchtigkeit gerät man im Handumdrehen ins Schwitzen. Aber das ist nur Nebensache. Denn in der tropischen Halle sind rund 600 Schmetterlinge die Stars. Bis zu 100 verschiedene Arten sind hier übers Jahr zu sehen und flattern zwischen Pflanzen und Besuchern herum.

Pfauenauge, Zitronenfalter oder Bläuling sucht man allerdings vergebens. Hier tummeln sich ausschließlich tropische Exemplare mit bis zu 32 Zentimetern Spannweite. Aber auch die kleineren Falter, egal, ob bunt oder unscheinbar, begeistern die Besucher, weil gerade die auch mal auf Tuchfühlung gehen. An den Futterstationen, bestehend aus Orangen oder Blüten, lässt sich beispielsweise der leuchtende »Blaue Morphofalter« besonders gut beobachten. So auffällig seine blaue Oberseite, so gut tarnt er sich mit seiner Unterseite.

Gleich zum Einstieg gibt es im Kassenbereich eine kurze Einführung zum Lebenszyklus der Schmetterlinge. Wer hätte gedacht, dass die Lebensdauer der meisten tropischen Schmetterlinge nach dem Schlüpfen nur wenige Tage bis Wochen beträgt? Wie die bunten Flattertierchen als Puppen aussehen, kann man in der Kinderstube entdecken. Hier ist tägliches Schlüpfen angesagt. Mit etwas Geduld und Glück kann man den Prozess sogar beobachten.

TIPP: Das Literaturhaus Uwe Johnson in Klütz (Im Thurow 14) hat zusätzlich zu seiner Ausstellung eine Kinderbibliothek eingerichtet und bietet ein Literaturquiz für Kinder an.

Adresse An der Festwiese 2, 23948 Klütz, www.schmetterlingswelt.de // **Anfahrt** A 20, Ausfahrt Grevesmühlen, links Richtung Grevesmühlen, links auf B 105, rechts auf Klützer Straße Richtung Klütz, am Kreisverkehr in Klütz dritte Ausfahrt auf Wismarsche Straße, rechts auf Boltenhagener Straße, rechts auf An der Festwiese // **Öffnungszeiten** April – Okt. täglich 9.30 – 17.30 Uhr (letzter Einlass 17 Uhr) // ab circa 3 Jahre

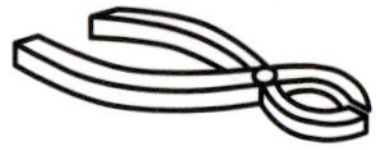

20_DER BAUSPIELPLATZ

Viel Platz für vielfältige Aktivitäten

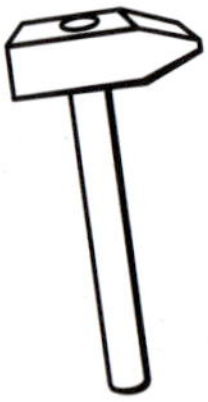

Hütten bauen, Feuer machen, kochen, Fahrräder reparieren, aber auch einfach malen, basteln, Fußball oder Tischtennis spielen – das alles können Kinder und Jugendliche auf dem Bauspielplatz Buntekuh. 10.000 Quadratmeter Platz haben sie dafür zur Verfügung, den sie intensiv und nach ihren Ideen und Interessen nutzen. Und das seit 1978, denn dieser Bauspielplatz war einer der ersten seiner Art in ganz Deutschland.

Gerade für Kinder aus sozial benachteiligten Familien, die es im Stadtteil Buntekuh häufig gibt, sind das vielfältige Angebot und die Betreuung durch pädagogisches Personal eine echte Chance. Durch die vielen anregenden Spiel- und Beschäftigungsmöglichkeiten sowie die gemeinsamen Ausflüge entsteht nicht nur eine Bindung zum Platz, sondern auch ein echtes Gemeinschaftsgefühl unter den Kindern, die regelmäßig hierherkommen. Der Spielplatz ist aber auch offen für alle Kinder, die nicht im Stadtteil wohnen und gern ihre Kreativität und Abenteuerlust in unterschiedlichen Aktivitäten ausleben möchten. Hier kann einfach jeder vorbeikommen und ist willkommen.

Eigentlich richtet sich das Angebot an Kinder von 6 bis 16 Jahren, aber viele bringen auch ihre jüngeren Geschwister mit. Die ganz Kleinen dürfen hier auch schon in der Sandkiste buddeln, müssen aber eine Aufsichtsperson dabeihaben. Und andere wiederum bleiben dem Platz bis zur Volljährigkeit treu. Keine Frage: Dieses pädagogische Konzept geht auf!

Adresse Seitenstraße 12, 23558 Lübeck // **ÖPNV** Bus 5, 6, 16, Haltestelle Talweg, zu Fuß über Fregattenstraße zur Seitenstraße // **Öffnungszeiten** Mo–Do 8–18 Uhr, Fr Ausflugstag // ab 6 Jahre

TIPP: Einen knappen Kilometer südlich des Bauspielplatzes fließt der Trave-Kanal vorbei. Direkt am Ufer entlang führt ein schöner Fahrradweg bis zur Schleuse Büssau.

21_DAS DUNGEON HEROES

Kleine Fantasyfans werden zu großen Helden

Wenn Jugendliche erst einmal vom Rollenspiel-Fieber am PC oder der Konsole gepackt wurden, ist es kaum möglich, sie davon wegzubekommen. Aber was, wenn sie selbst in ein Rollenspiel hineinschlüpfen könnten? Wenn sie sich selbst als Spielfigur auf einem gigantischen Spielbrett wiederfinden würden? Wenn sie dabei auch noch knifflige Rätsel lösen müssten und in eine Fantasywelt hineinversetzt würden, in der sie sich auch ein wenig gruseln dürften? Dann wäre der Spielspaß perfekt!

Im Dungeon Heroes ist das möglich. Es simuliert eine aufgegebene Siedlung, die einst tief in einen Fels geschlagen wurde, um darin gigantische Schätze zu verstecken. Die Helden, zu denen die Kinder und Jugendlichen werden, müssen sich in den Dungeon begeben, um das Geheimnis der alten Siedlung zu lüften. Für erfolgreich gelöste Rätsel und Aufgaben erhalten die Abenteurer Erfahrungspunkte und Fundsachen. Durch diese steigen sie auf und erhalten zusätzliche Fähigkeiten, um noch kniffligere Aufgaben bewältigen zu können.

Am meisten Spaß macht das Rollenspiel natürlich gemeinsam mit Freunden, weshalb das Dungeon Heroes gern zu Kindergeburtstagen gebucht wird. Doch wer auf der Party Geschmack am Live-Rollenspiel gefunden hat, darf seine Erfahrungspunkte und Fundsachen behalten und beim nächsten Besuch einsetzen. Und die Eltern? Die trinken während des Spiels in der Lounge einen Kaffee. Und werden vielleicht am ersten Freitag im Monat wiederkommen, wenn das Dungeon für Erwachsene geöffnet ist.

Adresse Schwertfegerstraße 27, 23556 Lübeck, www.dungeon-heroes.de // ÖPNV Bus 16, Haltestelle Lohgerberstraße // Öffnungszeiten Fr 15–19 Uhr, Sa 11–19 Uhr, So 11–18 Uhr // ab 7 Jahre

TIPP: Pferdefans sollten den nicht weit entfernten Travereithof Hamberge (Poggenpohl 14) mit seinen pferdefreundlichen Offenställen gesehen haben.

22_DAS ÄLTESTE KELLERGEWÖLBE

Stadthistorie in moderner Architektur

Wer in Lübeck lebt oder Lübeck besucht, kommt unmittelbar mit der Stadthistorie in Kontakt. Denn die Altstadt ist voll von Häusern aus dem Mittelalter. Darum gehört die gesamte Altstadt auch zum UNESCO-Weltkulturerbe. Dort, wo die Häuser im Krieg zerstört wurden, finden sich manchmal noch historische Kellergewölbe. Diese werden dann bei Ausgrabungen freigelegt, wie beispielsweise im Gründungsviertel zwischen Marienkirche und Untertrave. In dieser einstigen Keimzelle der Altstadt wurden nach dem Abriss der Nachkriegsgebäude umfangreiche Grabungen durchgeführt und zahlreiche solcher Keller entdeckt. Im Ulrich-Gabler-Haus können Kinder – und natürlich auch Erwachsene – die Ergebnisse dieser archäologischen Ausgrabungen erleben.

Im Untergeschoss wurde einer der ältesten Gewölbekeller der Hansestadt sichtbar in die Architektur des Neubaus eingebunden. Genutzt werden die Räumlichkeiten von der Vorwerker Diakonie, die hier das Café Ulrich's betreibt und damit Menschen mit Behinderung eine Integration in die Arbeitswelt ermöglicht. Daher sind die Räume für jeden frei zugänglich, und auch wenn man keinen Kaffee trinken will, ist man willkommen. Dann kann man die historischen Mauer- und Säulenreste aus dem 13. Jahrhundert bewundern. Im Nebenraum wurde zusätzlich ein Informationszentrum zu Archäologie und Stadtplanung eingerichtet. Es dokumentiert die Ausgrabungen im Gründungsviertel und zeigt ausgewählte Originalfunde aus dem Quartier.

TIPP: Im selben Gebäude betreibt die Vorwerker Diakonie einen Laden, in dem unter anderem wunderschöne Holzspielsachen verkauft werden.

Adresse Schüsselbuden 6–8, 23552 Lübeck // ÖPNV Bus 4, 10, 11, 21, 30, 31, 32, 39, 40, Haltestelle Schüsselbuden // Öffnungszeiten Mo–Sa 9–18 Uhr // ab 8 Jahre

23_BOAT NOW

Ahoi, ihr Leichtmatrosen!

Nirgends kann man die Lübecker Altstadt so entspannt erkunden wie auf dem Wasser. Keine Autos, kein hektisches Treiben, dafür ein sanftes Dahingleiten mit Blick auf die schönen Altstadthäuser und Kirchtürme. Bislang war dieses Vergnügen den Wassersportlern auf ihren Kanus oder Ruderbooten vorbehalten. Oder den Fahrgästen der Kanal- und Hafenrundfahrten. Doch gerade wenn die Kinder noch kleiner sind, sind beide Varianten nicht ideal. Eine ganze Stunde leise sein, damit die anderen Gäste hören können, was der Kapitän erzählt? Auf einem wackeligen Kanu still sitzen, damit das Boot nicht kentert? Könnte durchaus anstrengend werden.

Doch seit 2019 gibt es noch eine weitere Möglichkeit: Boat Now bietet Elektroboote zum Verleih an. Geräuschlos kann man mit ihnen rund um die Altstadtinsel gleiten. Bis zu sechs Personen können es sich auf der gemütlichen Sitzecke bequem machen und sind ganz unter sich. Zum Steuern benötigt man nicht einmal einen Bootsführerschein, muss jedoch mindestens 18 Jahre alt sein.

Entspannter geht es kaum, sich auf dem Wasser fortzubewegen. Vorbei an den Salzspeichern, entlang der Schiffe im Museumshafen, unter der Hubbrücke hindurch in den Kanal hinein und über den Malerwinkel wieder zurück. Wer dann noch nicht genug hat, hängt noch eine Runde durch den Wallhafen und den Stadtgraben an. Nach der Tour sind wirklich alle davon überzeugt, dass Lübeck die schönste Stadt der Welt ist.

Adresse An der Obertrave (Höhe Marlesgrube), 23552 Lübeck, www.boat-now.de // ÖPNV Bus 1, 2, 10, 11, 30 (und zahlreiche weitere Linien), Haltestelle Holstentorplatz, zu Fuß Richtung Altstadt, rechts in die Obertrave // Öffnungszeiten Reservierungen über die Website

TIPP: In der Engelsbäckerei (Große Petersgrube 8a) finden Eltern nicht nur eine äußerst leckere Kuchenauswahl, sondern im Untergeschoss auch einen tollen Spielbereich für kleinere Kinder.

24_DIE BONBON-MANUFAKTUR

Ein Fest für alle Sinne

»Etwas, das die Menschen glücklich macht!« Das wollte Tanja Ebrecht herstellen, als sie ihre Bonbon-Manufaktur eröffnete. Und das ist ihr wirklich gelungen. Schon der unglaublich aromatische und süße Duft, der den ganzen Laden erfüllt, wenn die Bonbons frisch gekocht wurden, umhüllt die Besucher mit einem wohligen Gefühl. Dann fällt der Blick auf die aufgereihten Gläser mit den bunten, kissenförmigen Leckereien, die nicht nur wunderhübsch aussehen, sondern wahre Gaumenfreuden versprechen: Neben Klassikern wie Himbeere, Erdbeer-Sahne oder Zitrone, bei denen Kinderherzen höherschlagen, werden die großen Besucher bei Ingwer-Orange, Chili-Minze, Zitronenlakritz oder Marzipan-Chocolat hellhörig. Wer sich bei der großen Auswahl nicht entscheiden kann, dem hilft die sympathische Inhaberin gern mit einem Probierbonbon weiter.

Wer die Bonbons aber nicht nur riechen, sehen und schmecken, sondern auch fühlen will, der darf nach Anmeldung auch selbst Bonbons kochen. Was für ein Erlebnis, wenn die warme Zuckermasse durch natürliche Zutaten verfeinert und dann von Hand immer wieder gefaltet und gedehnt wird. Und dann muss es schnell gehen. Denn es bleiben nur wenige Minuten, um die Masse zu Lollies zu formen oder in die hübsche Kissenform zu stanzen. Danach wird sie zu hart und brüchig. Und das Beste daran: Alles, was selbst produziert wird, darf direkt in den Mund wandern oder mit nach Hause genommen werden. Wenn das die Menschen nicht glücklich macht, was dann!?

Adresse Königstraße 28, 23552 Lübeck, www.luebecker-bonbonmanufaktur.de // ÖPNV Bus 4, 10, 11, 21, 31, 32, 39, Haltestelle Katharineum // Öffnungszeiten Mo–Fr 10.30–18 Uhr, Sa 10.30–15 Uhr, Bonbon-Kochen nach Vereinbarung (maximal 6 Kinder ab 9 Jahre)

TIPP: Um die Ecke in der Hundestraße 5 – 17 liegt die Stadtbibliothek mit einer großen Auswahl an Kinderbüchern.

25_ DAS BOULODROME

Kugelsport-Platz mit Aussicht

In Frankreich ein Volkssport, ist Boule hierzulande eher ein Freizeitspaß für Familien am Strand. Doch eigentlich ist Sand gar nicht der ideale Untergrund, weil die Kugeln darauf kaum rollen können. Darum lohnt es sich, in der Stadt zu bleiben, die Kugeln einzupacken und einen der eigens für das Boulespiel eingerichteten Plätze aufzusuchen. Diese findet man beispielsweise am Kanal an der Falkenstraße/Ecke Hüxterdamm, im Stadtpark und auf dem Meesenplatz am Meesenring.

Ein besonders schöner Platz ist auch auf einer Wiese neben den Salzspeichern, am Ufer der Obertrave, entstanden. Obwohl das Boulodrome dem Lübecker Boule Club gehört, darf man hier wie auf den andern Plätzen auch jederzeit seine Kugeln mitbringen und spielen. Wer keine Kugeln dabeihat und trotzdem spontan Lust auf eine Partie, der kann sich in der nahe gelegenen Tourist-Info am Holstentor welche ausleihen. Und dann geht das Wetteifern los: Wer wirft oder rollt seine »Boule« am nächsten an das Schweinchen, die kleine Holzkugel, heran? Wer schafft es, das Schweinchen wegzuschießen und so die guten Würfe der anderen zunichtezumachen?

Wer beim Spielen nicht nur Spaß hat, sondern sogar besonderes Talent beweist, kann auch einmal bei den Trainingseinheiten des Lübecker Boule Clubs mitspielen. Dann kann man sich mit echten Profis messen, denn die erste Mannschaft spielt sogar in der Boule-Bundesliga.

TIPP: Nebenan befindet sich die Kunsttankstelle, an der es einen Kunstautomaten gibt. Hier kann man sich kleine Kunstwerke wie aus einem Zigarettenautomaten ziehen.

Adresse Wallstraße 9, 23560 Lübeck // **ÖPNV** Bus 1, 2, 10, 11, 30 (und zahlreiche weitere Linien), Haltestelle Holstentorplatz, Abzweig zur Wallstraße direkt an der Haltestelle stadteinwärts // **Öffnungszeiten** jederzeit frei zugänglich, Trainingszeiten unter www.lübecker-bc.de

26_DIE BÜCHER-PIRATEN

Heimat für Leseratten und Slammer-Lämmer

Geschichten hören und lesen ist für die Entwicklung von Kindern ungemein wichtig. Es regt die Phantasie an, fördert Empathie und Sprachgebrauch, und es baut Stress ab. Und glücklicherweise kommt auch in unserer multimedialen Zeit das gute alte Buch nicht ganz aus der Mode. Sich selbst Geschichten auszudenken, sie aufs Papier zu bringen und sogar auf einer Bühne zu präsentieren, das trauen sich hingegen weitaus weniger Kinder. Dabei kann sich dies sehr positiv auf die persönliche Entwicklung auswirken. Denn um eine eigene Geschichte zu schreiben, braucht es neben kreativen Ideen vor allem Mut und Durchhaltevermögen.

Zum Glück gibt es den Verein der Bücherpiraten. Er wurde gegründet, um Kinder und Jugendliche ans Lesen und Schreiben heranzuführen. Egal, ob im Vorleseclub, bei der Autorengruppe, beim Poetry-Slam-Workshop oder an den Hörspiel-Wochenenden – im Kinderliteraturhaus findet jeder das Angebot, das ihm Spaß macht. Jährliches Highlight im Bücherpiraten-Kosmos ist das Bücherpiraten-Festival im September. Eine Woche lang jagt eine Lesung die nächste, teilweise begleitet durch Live-Illustrationen oder darstellerische Umsetzung.

Im Rahmen des Festivals wird auch der goldene Bücherpirat verliehen. Um den Preisträger dafür zu ermitteln, stellen die kleinen Leseratten ihre Shortlist an Büchern, die ihnen im vergangenen Jahr besonders gut gefallen haben, zusammen. Aus diesen Titeln wählen sie anschließend den gemeinsamen Favoriten aus.

Adresse Fleischhauerstraße 71, 23552 Lübeck, www.buecherpiraten.de // **ÖPNV** Bus 4, 10, 11, 21, 31, 32, 39, Haltestelle Fleischhauerstraße // **Öffnungszeiten** Mo–Fr 11–18 Uhr, Termine für Kurse siehe Website // ab 3 Jahre

TIPP: Modernen Musikunterricht bietet die Rock-Pop-Schule (Braunstraße 34–36) an. Neben Instrumentalunterricht gibt es auch einen Kinderchor.

27_DIE DRUMBURG

Für taktvolle Kids

Musikunterricht in einem historischen Stadttor? Das gibt es nur in Lübeck. Denn in den Turm des Burgtors ist Max Zeidler mit seiner Drumburg eingezogen. Seitdem ist die Warteliste für einen Platz in der Schlagzeugschule gut gefüllt. Denn der erfahrene Musiker und dreifache Vater hat einfach den richtigen Draht zu den Kids. Und die Eltern begeistern sich für das historische Ambiente und die persönliche Atmosphäre in der Drumburg.

Die Schlagzeugschule im Turm erreicht man nämlich nur über das Zöllnerhaus, das zum Ensemble des Burgtors gehört und seit 2016 das Zuhause von Max Zeidler und seiner Familie ist. Das Backsteingebäude mit dem Renaissance-Treppengiebel stammt aus dem Jahr 1571 und war zu Beginn des 20. Jahrhunderts Residenz der Schriftstellerin Ida Boy-Ed. Damals nächtigte Thomas Mann hier regelmäßig als Gast, wenn er seine Heimatstadt besuchte.

Als die Stadt neue Mieter für das geschichtsträchtige Haus suchte, wurde Max Zeidler hellhörig. Schließlich probte er schon als Jugendlicher im benachbarten »Jugendzentrum Burgtor« mit seiner Band und organisierte Musik-Events mit seinem Verein »Live in der Burg«. Nun ist er zurückgekehrt zu seinen Wurzeln und steckt den Nachwuchs mit seiner Leidenschaft fürs Trommeln an. Und weil im Burgtor genügend Platz ist, gibt es Aufenthalts- und Spielräume für wartende Eltern und Geschwister. Und wenn es sich mal zwischen Schulschluss und Trommelunterricht zeitlich nicht lohnt, nach Hause zu fahren, findet sich in der Drumburg auch immer ein ruhiges Plätzchen zum Hausaufgabenmachen.

TIPP: Das Jugendzentrum Burgtor mit seinen vielfältigen Angeboten für Kinder und Jugendliche gibt es auch heute noch.

Adresse Große Burgstraße 5, 23552 Lübeck, www.die-drumburg.de // **ÖPNV** Bus 4, 10, 11, 12, 21, 30, 31, 32, 39, 40, Haltestelle Große Burgstraße // **Öffnungszeiten** nach Absprache // ab circa 6 Jahre

28_DAS EUROPÄISCHE HANSEMUSEUM

Koggen, Kaufleute und Kloaken

In Lübecks jüngstem Museum können Familien auf Zeitreise gehen. Und die beginnt mit einer Fahrt in einem gläsernen Aufzug zum Klo. Genauer gesagt zu einer mittelalterlichen Kloake, die Archäologen bei Grabungen an dieser Stelle entdeckten.

Von diesem Original-Schauplatz geht die Reise weiter zu den aufwendigen Inszenierungen, die die Hansezeit lebendig werden lassen. Zuerst zu zwei voll beladenen Koggen, die sich auf die ersten Handelsreisen nach Novgorod aufmachten. Dann wieder zurück nach Lübeck, in dem durch den neuen Reichtum nun Häuser aus Ziegeln gebaut wurden. Es folgen Ausflüge in die mittelalterliche Markthalle nach Brügge, ins Zeitalter der Pest und in den großen Saal der Hanse, der sich einst im Lübecker Rathaus befand. An diesem Ort, wo die Mitglieder der Hansetage mindestens genauso viel stritten wie kleine Kinder mit ihren Geschwistern, werden die Gründe für das Auslaufen der Hanse erläutert. Mit dieser Szenerie endet nach einer Stunde die geführte Zeitreise von den Anfängen bis zum Ende der Hanse.

Aber nicht der Museumsbesuch. Denn wer mag, kann noch einmal zu den verschiedenen Schauplätzen zurückgehen und noch mehr Details erfahren. Die interaktiven Eintrittskarten kann man im Eingangsbereich immer wieder neu codieren und so in der Ausstellung auch noch einiges über die anderen Hansestädte erfahren. Für Kinder gibt es an der Kasse auch ein Quiz, mit dem sich die Hansezeit spielerisch entdecken lässt.

TIPP: Gegenüber dem Museum legt die MS Hanse ab, die mehrmals täglich nach Travemünde und zurück fährt (www.hanse-travemuende.de).

Adresse An der Untertrave 1, 23552 Lübeck, www.hansemuseum.eu // **ÖPNV** Bus 3, Haltestelle Hansemuseum // **Öffnungszeiten** täglich 10 – 18 Uhr // ab 6 Jahre

29_DAS FRÄULEIN BRÖMSE

Familienfreundlich und lecker

Da hat mal jemand mitgedacht. Und vor allem an junge Eltern gedacht, die sich in Ruhe einen Kaffee und ein Stück Torte gönnen möchten, während der Nachwuchs beschäftigt ist. Diese jungen Familien müssen die Planer im Kopf gehabt haben, als sie sich eine Nutzung für das Beichthaus des Burgklosters überlegten. Denn sie haben darin ein Café eingerichtet und auf der Freifläche davor einen Kinderspielplatz. Nun kann man im Sommer auf diesem wunderbar ruhigen Platz, abseits von Autos und vom sonstigen geschäftigen Treiben der Altstadt, gemütlich sitzen, während die Kinder in der Sandkiste buddeln, durch Holzfässer kriechen oder aufs Klettergerüst krabbeln.

So lässt es sich aushalten. Egal, ob zum Frühstück oder Nachmittagskaffee – die Auswahl an hausgemachten und liebevoll zubereiteten Speisen ist immer lecker. Dazu noch der individuelle Stil des Cafés: antike Schränke, Blümchentapeten und zartes Geschirr, das auf Flohmärkten zusammengesammelt wurde. Man könnte glatt meinen, man wäre bei Fräulein Brömse zu Hause eingeladen.

Ein echtes Fräulein Brömse gab es übrigens tatsächlich. Adelheid Brömse, älteste Tochter des damaligen Lübecker Bürgermeisters, lebte im 15. Jahrhundert und war Äbtissin des St.-Johannis-Klosters. Da sie aus einer bedeutenden Kaufmannsfamilie der Hansezeit stammte, war sie thematisch die ideale Namensgeberin für das Café, das zum Komplex des Europäischen Hansemuseums gehört.

TIPP: Einen süßen kleinen Spielzeugladen findet man mit »Paulina« in der Großen Burgstraße 37.

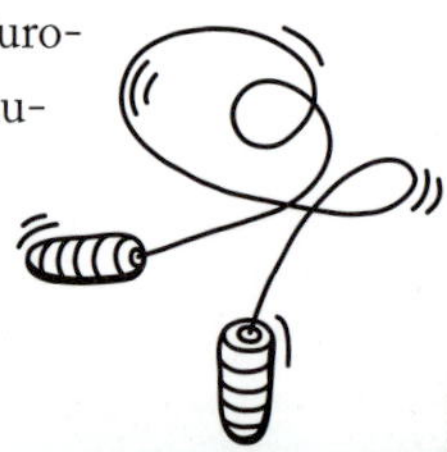

Adresse An der Untertrave 1 (oberhalb der Burgtreppe), 23552 Lübeck, www.cafe-fraeuleinbroemse.de // **ÖPNV** Bus 4, 10, 11, 12, 21, 30, 31, 32, 39, 40, Haltestelle Große Burgstraße, zu Fuß in die Straße Hinter der Burg, kurz vor der Burgtreppe rechts über den Spielplatz // **Öffnungszeiten** täglich 10–18 Uhr

30_DIE FREILICHTBÜHNE

Wo Pippi und Michel die Bühne rocken

Pippi Langstrumpf, Petterson und Findus, Michel aus Lönneberga, die kleine Hexe. Es sind die zeitlosen Klassiker der Kinderbuchliteratur, die jeden Sommer auf der Freilichtbühne in den Wallanlagen inszeniert werden. Kein Wunder, dass die Zuschauerränge stets gut gefüllt sind. Was aber sicherlich auch an dem besonderen Ambiente inmitten der hohen Bäume der Wallanlagen liegt. Seit 1927 existiert die Anlage an dieser Stelle – zunächst als Theater für Schulgruppen. 1990 pachtete Wilfried Zander, der zuvor viele Jahre erfolgreich als Stuntman für Film und Fernsehen gearbeitet hatte, das damals brachliegende Gelände. Er brachte die Bühne wieder auf Vordermann und konnte im Sommer 1991 die Premiere mit Räuber Hotzenplotz feiern. Seitdem steht jeden Sommer ein Kinderstück auf dem Programm. Seit ein paar Jahren zusätzlich auch ein Krimi für Erwachsene. Die Bühne soll einfach für die ganze Familie da sein. Schließlich wird sie auch als Familienbetrieb geführt – immer noch von Wilfried Zander, unterstützt durch seine Frau und seine Tochter. Und auch die Schauspieler sind fast schon so etwas wie eine große Familie geworden. Einige spielen schon seit über zehn Jahren hier.

Für viele kleine Lübecker ist die Freilichtbühne das erste Theater, das sie besuchen. Und das erste Theater, in das sie als Erwachsene mit ihren eigenen Kindern gehen. So ist aus der Initiative eines kreativen Menschen eine Institution der Lübecker Kulturlandschaft geworden.

Adresse Wallstraße 20, 23560 Lübeck, www.freilichtbuehne-luebeck.de // **ÖPNV** Bus 1, 2, 4, 6, 7, 9, 15, 16, Haltestelle Stadthalle, zu Fuß in die Wallstraße, links dem Schild zur Freilichtbühne folgen // **Öffnungszeiten** Vorstellungen siehe Website // ab circa 3 Jahre

TIPP: In der Wallstraße befindet sich eine klassische Minigolfanlage, die Kindern immer wieder Spaß macht.

31_DAS GANDALPH

Alles, was das Spielerherz begehrt

Wenn sich ein kleiner, inhabergeführter Laden seit über 20 Jahren an seinem Standort in der Lübecker Innenstadt halten kann, dann muss er schon ein ganz besonderes Sortiment haben. Genau so ist es bei Gandalph. Der Name deutet schon an, dass hier Fantasyfans voll auf ihre Kosten kommen. Aber auch Manga-Freaks und leidenschaftliche Rollenspieler sind in diesem Geschäft genau richtig.

In langen Regalen reihen sich Comics und Bücher, Karten-, Brett- und Rollenspiele, aber auch Merchandise-Artikel und sonstiges Spielezubehör aneinander. Egal, ob Pokémon oder Yu-Gi-Oh, Star Wars oder Herr der Ringe und viele andere Themen – Gandalph bietet das volle Programm für Spieler und Leseratten. Auch ein riesiges Farbensortiment zum Bemalen der Minifiguren, mit denen man bei den sogenannten Tabletops auf eigens gestalteten Tischplatten spielt, ist vorhanden. Genauso wie eine originalgetreue Auswahl an Zauberstäben der Harry-Potter-Stars.

Und da das Spielen mit vielen Gleichgesinnten am meisten Spaß macht, grenzt an den Verkaufsraum bei Gandalph auch ein Spielraum an. Hier werden vornehmlich Sammelkartenspiele gespielt – an wöchentlich festen Terminen oder auch als einzelne Events, zu denen sich dann bis zu 50 Spieler zusammenfinden. Insbesondere die Fangemeinden der Sammelkartenspiele Magic mit seinen verschiedenen Editionen und Yu-Gi-Oh sind in Lübeck groß und aktiv, sodass diese hier regelmäßig gespielt werden.

Adresse Wahmstraße 30, 23552 Lübeck, www.gandalph-luebeck.de // **ÖPNV** Bus 5, 10, 11, 21, 31, 32, 39, Haltestelle Wahmstraße // **Öffnungszeiten** Mo–Fr 10.30–18.30 Uhr, Sa 10–18 Uhr

TIPP: An der Königstraße/Ecke Hüxstraße gibt es bei Venezia leckere Eiskreationen.

32_DAS GÜNTER GRASS-HAUS

Voll auf Kinder eingestellt

Mit den Kindern ins Literatur- und Kunstmuseum? Ja, im Günter Grass-Haus ist das kein Problem. Denn hier gibt es auch für die Kleinsten einiges zu entdecken. Unabhängig von der Ausstellung können sie sich auf die Suche nach der tierischen Piratencrew von Käpt'n Olek Schnarock begeben. Der Pfeife rauchende Schneckenkapitän hat seine Mannschaft aus Ratten, Aalen und anderem Getier verloren. Ausgerüstet mit einem Ralleybogen sollen die Kinder die Figuren suchen, die sich in den Räumlichkeiten des Museums verstecken. Sind alle gefunden, lädt die Tulla – das Holzschiff von Käpt'n Schnarock – zum Spielen ein.

Innerhalb der Ausstellung ist der Kolonialwarenladen von Oskar Matzerath aus der »Blechtrommel« das Highlight für Kinder. Hier dürfen sie alle Schubladen herausziehen und Türen öffnen, um zu erkunden, was sich darin befindet. Manches kann nur erfühlt werden, anderes erschnuppert. Aber am meisten Spaß macht doch immer noch das – vermeintlich – Verbotene: sich im Ladentresen zu verstecken. Doch das ist hier ausdrücklich erwünscht.

Damit auch alles kindgerecht funktioniert und Spaß macht, werden die Angebote von Kindern der Museumsmacher einer strengen Prüfung unterzogen. So wurde beispielsweise auf Anraten der jungen Tester der Komfort im Inneren des Tresens durch innen liegende Türgriffe verbessert. Bei so viel Kinderfreundlichkeit überrascht es wenig, dass die Erwachsenen ihren Nachwuchs kaum aus dem Haus des Nobelpreisträgers herausbekommen.

TIPP: Durch den Garten des Günter Grass-Hauses erreicht man das Willy-Brandt-Haus. Der Eintritt ist frei, und für Kinder gibt es ebenfalls eine tolle Rallye durch das Haus.

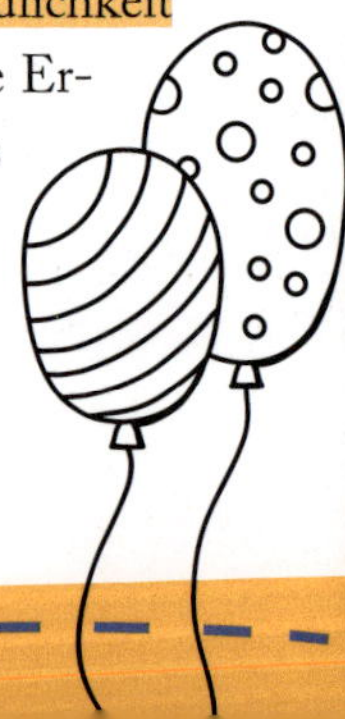

Adresse Glockengießerstraße 21, 23552 Lübeck, www.grass-haus.de // **ÖPNV** Bus 4, 10, 11, 21, 31, 32, 39, Haltestelle Katharineum, zu Fuß ein Stück geradeaus und rechts in die Glockengießerstraße // **Öffnungszeiten** Jan.–März Di–So 11–17 Uhr, April–Dez. Mo–So 10–17 Uhr // ab 4 Jahre

33_DIE KANALDECKEL

Wunderliches Relikt der 1980er

Aufmerksamen Kinderaugen entgeht nichts. Im Gegenteil, sie nehmen Dinge wahr, an denen Erwachsene tagtäglich vorbeilaufen, ohne sie zu sehen. Und so kann es passieren, dass beim Überqueren der Burgtorbrücke irgendwann mal die Frage kommt, warum denn da sooo viele Kanaldeckel sind. In zwei Reihen nebeneinander angeordnet, verlaufen sie vom einen Gehweg über die Fahrbahn zum anderen Gehweg – quer über die gesamte Brücke. Da kommt man als Erwachsener schnell in Erklärungsnot. Denn dass ausgerechnet hier derart viele Kanalrohre verlegt sein sollen, scheint doch eher unwahrscheinlich.

Der Grund für die vielen Kanaldeckel hat in der Tat auch herzlich wenig mit Abwasseranlagen zu tun. Er ist vielmehr im Kalten Krieg zu suchen. Insbesondere in den 1980er Jahren, als sich die Supermächte USA – mit Unterstützung der NATO – und Sowjetunion – mit den Ostblockstaaten – ein unvorstellbares Wettrüsten lieferten. Um die Altstadt im Falle eines Panzerangriffs schützen zu können, mussten wichtige Zuwege wie die Burgtorbrücke gesichert werden. Dazu dienten zwei Reihen Löcher im Boden, in die Panzersperren aus Stahl gesteckt werden konnten. Und damit ansonsten die Fußgänger und Autos problemlos die Brücke passieren konnten, wurden diese eben mit schlichten Gullydeckeln verschlossen.

Glücklicherweise ist der Angriffsfall nie eingetreten. Daher können und sollen die erhalten gebliebenen Kanaldeckel als Mahnmal dienen, damit eine solche weltpolitische Situation nie wieder eintritt.

Adresse Burgtorbrücke, 23552 Lübeck // ÖPNV Bus 3, 4, 8, 10 (und zahlreiche weitere Linien), Haltestelle Gustav-Radbruch-Platz, zu Fuß Richtung Burgtor gehen

TIPP: Wenn sich die benachbarte Hubbrücke hebt, um ein Binnenschiff durchzulassen, nervt das die Autofahrer und erfreut die Kinder. Die beobachten gern das Schauspiel der über 100 Jahre alten Hubtechnik.

34_KINDER-GEBURTSTAG IM HOLSTENTOR

Kinder erobern das Wahrzeichen

Das Holstentor kennt in Lübeck jedes Kind. Wie großartig, wenn man in diesem Wahrzeichen auch noch den Geburtstag feiern darf. Das ist nicht nur unterhaltsam, sondern gleichzeitig auch lehrreich – sogar für die Eltern. Zu wählen gibt es verschiedene Themen, die in einer Art Rallye durch das rund 550 Jahre alte Stadttor erkundet werden.

Während es bei den »Pfeffersäcken und Beutelschneidern« um die Lebens- und Arbeitswelt der mittelalterlichen Kaufleute geht, dreht sich bei der Tour »Starke Mauern und dicke Tore« alles um die Stadtbefestigung. Auch die Lübecker Franzosenzeit kann als Thema gewählt werden. Meistens heißt es aber doch »Zu Hilfe … Piraten!« Dann entert eine bis zu zehnköpfige Truppe von Sieben- bis Zehnjährigen die Doppeltürme und wird erst einmal von der Museumspädagogin eingefangen.

Mit Bildersuchrätseln wird einzelnen Exponaten auf den Grund gegangen. Waren, die das Ziel der Piratenangriffe waren, werden ihren Herkunftsländern im Ostseeraum zugeordnet. Selbstverständlich werden auch die Angriffstaktiken und Entermethoden der Piraten erklärt und zum Abschluss eigene Enterhaken gebastelt.

In den nächsten Jahren ist eine grundlegende Umgestaltung des Holstentor-Museums geplant. Angebote für Kinder sollen dann einen noch höheren Stellenwert bekommen.

Adresse Holstentorplatz, 23552 Lübeck, www.museum-holstentor.de // **ÖPNV** Bus 1, 2, 10, 11, 30 (und zahlreiche weitere Linien), Haltestelle Holstentorplatz // **Öffnungszeiten** Jan. – März Di – So 11 – 17 Uhr, April – Dez. Mo – So 10 – 18 Uhr // ab 5 Jahre

TIPP: Im St. Annen-Museum (St.-Annen-Straße 15) gibt es nicht nur ein Kinder-Museum, sondern auch die Möglichkeit, ein spannendes Kindergeburtstagsprogramm zu buchen.

35_DER KINDERKRAM

Ein Laden voller Spielfreude

Ein Spielzeugladen, in dem es keine Barbies und noch nicht einmal Legosteine gibt? Stattdessen wird ein kleines, handverlesenes Sortiment abseits des Mainstreams präsentiert. So ein Laden ist »Kinderkram«. Alles, was man hier kaufen kann, wurde von Inhaberin Bettina Ernst und ihrem Team hinsichtlich Qualität, pädagogischer Werthaltigkeit und natürlich Spielspaß ausgesucht. Vom ökologisch produzierten Beißring für Babys über den hochwertigen Kaufladen bis hin zu Forscherequipment für Naturfreunde oder außergewöhnlichem Konstruktionsspielzeug für kleine Baumeister – hier gibt es für jede Altersgruppe viele ansprechende und kreativitätsfördernde Geschenke. Natürlich findet man auch ausgewählte Gesellschaftsspiele, Puppen und Kuscheltiere.

Für Eltern besonders angenehm: Gerade bei den Spielsachen für jüngere Kinder wird auf quietschbunten, Geräusche machenden und blinkenden Plastikkrempel verzichtet. Es ist daher sehr empfehlenswert, die Verwandtschaft kurz vor Geburtstagen oder Weihnachten dezent darauf hinzuweisen, sich bei der Suche nach einem Geschenk ruhig im Kinderkram beraten zu lassen.

Apropos Weihnachten: Wenn der Adventskalender mal nicht nur aus Naschkram bestehen soll, findet man hier viele Kleinigkeiten wie Murmeln, Stempel oder Flummis, die sich sehr gut in 24 kleinen Päckchen machen und garantiert Freude bereiten. Wer mag, kann sogar den Adventskalender-Service nutzen und sich eine abwechslungsreiche Auswahl zusammenstellen lassen.

Adresse Mühlenstraße 21, 23552 Lübeck, www.kinderkram-luebeck.de // **ÖPNV** Bus 1, 2, 4, 6, 7, 9, 15, 16, Haltestelle Fegefeuer, zu Fuß Richtung Königstraße // **Öffnungszeiten** Mo–Fr 9–18 Uhr, Sa 9–16 Uhr

TIPP: Wenn man von der Mühlenbrücke am Kanal in Richtung Wallanlagen spaziert, kommt man zum Wasserspielplatz am Kaisertor. Er liegt zwischen hohen Baumen und ist komplett eingezäunt, sodass man auch die kleineren Kinder beruhigt rennen lassen kann.

36_ DIE KIRCHENMAUS ROSEMARIE

Unheilbringerin wird zum Maskottchen

Oft ist ein gelangweiltes Jammern der unvermeidliche Begleitton, wenn Eltern mit ihrem Nachwuchs die Besichtigung einer Kirche wagen. Eindrucksvolle Bautechniken oder sakrale Kunst interessieren nur wenige Heranwachsende. In der Marienkirche haben aber auch die Kleinsten mit einem Suchspiel ihren Spaß. Die Rede ist von der kleinen Maus Rosemarie, die sich irgendwo im Hauptschiff versteckt. Tipp für die Eltern: Sie wurde in einem Sandsteinrelief hinter dem Altar der Kirche verewigt und zeigt den kleinen Nager, wie er gerade an der Wurzel eines Rosenstrauchs knabbert. Denn darauf beruht auch die Sage um die kleine Kirchenmaus aus dem beginnenden 13. Jahrhundert.

Damals soll es an der Nordseite der Kirche einen großen und wunderschönen Rosenstrauch gegeben haben. Die Bürger glaubten, solange er blühte, sei die Freiheit ihrer Stadt nicht bedroht. Als der Strauch dann eines Tages doch vertrocknete, ging man dem Übel auf den Grund. Zwischen den Wurzeln fand sich das Nest von Rosemarie und ihren Jungen, die die Wurzeln angeknabbert und den Baum zum Erliegen gebracht hatten. Und ganz im Sinne der selbsterfüllenden Prophezeiung mussten die Lübecker sich wenig später den Dänen und ihrem König ergeben. Doch glücklicherweise hielt die Knechtschaft nicht lange an, und 1227 besiegten deutsche Fürsten die Dänen endgültig. Der unheilbringenden Maus wurde vor Erleichterung ein Denkmal in besagtem Relief gesetzt.

Adresse Marienkirchhof 1, 23552 Lübeck // ÖPNV Bus 4, 10, 11, 21, 30, 31, 32, 39, 40, Haltestelle Schüsselbuden // Öffnungszeiten April–Sept. 10–18 Uhr, Okt.–März 10–16 Uhr

TIPP: Mit nicht mehr ganz kleinen Kindern ist eine Turm- und Gewölbeführung (circa 2,5 Stunden) ein echtes Highlight in St. Marien.

37_KUNST AM KAI

Opernhaus für junge Menschen

2014 wurde das wohl innovativste Kulturfestival Lübecks ins Leben gerufen, das jedes Jahr aufs Neue mit besonderen Inszenierungen überrascht. Denn bei »Kunst am Kai« werden nicht nur bekannte Opern oder Stücke gespielt. Die künstlerische Leiterin Gabriele Pott komponiert auch selbst. Ihr Fokus liegt dabei darauf, junge Menschen für klassische Musik zu begeistern.

Und so wird jedes Jahr eine neue Jugendoper aus ihrer Feder auf die Bühne gebracht. Die Themen sind mal zeitgemäß, mal historisch und werden unter Mitwirkung von Kindern und Jugendlichen aufgeführt. In der Lübeck-Oper »Tausend Jahre und 1 Tag« reisen zwei Jugendliche durch die Zeit und versuchen, das Lübeck der Zukunft durch eine Reise in dessen Historie zu retten. In »Störtebeker« wird der wohl bekannteste Pirat der Ostsee wieder lebendig – zumindest vorübergehend. Und »Luther in Love« erzählt die wichtigsten Stationen aus dem Leben des großen Reformators, bis hin zu seiner Liebe zu Katharina von Bora. Neben erfahrenen Musikern und professionellen Solisten wirken die jungen Sängerinnen und Sänger im Chor sowie in Soloeinlagen mit.

Wenn dann Dutzende klare Kinderstimmen den historischen Hafenschuppen erfüllen, spürt man, was das Musikfestival so besonders macht. In der zehn Meter hohen Halle aus Holz und Ziegelsteinen ist nicht nur die Akustik außergewöhnlich. Das Umfeld versetzt einen zurück ins frühe 20. Jahrhundert, als hier noch Waren aus dem gesamten Ostseeraum umgeschlagen wurden.

Adresse Willy-Brandt-Allee 31c, 23554 Lübeck, www.kunst-am-kai.de // ÖPNV Bus 3, Haltestelle Hansemuseum, oder Bus 3, 12, 30, 40, Haltestelle Beckergrube, zu Fuß Richtung Drehbrücke und auf die Wallhalbinsel gegenüber Media Docks // Öffnungszeiten Vorstellungen siehe Website // ab circa 7 Jahre

TIPP: Kinder, die nicht singend, sondern sprechend auf der Bühne stehen wollen, können das im Kleinen Hoftheater (Schwartauer Allee 39–41) ausprobieren.

38_DER LUBA-SPIELPLATZ

Von Spielplatz-Profis gestaltet

Die Lübecker Altstadt ist mit ihren Gängen und Höfen schon etwas ganz Besonderes. Auch Kinder lieben es, diese verwinkelten Kleinode zu erkunden. Schließlich ist es hier meistens ruhig und irgendwie gemütlich. Im Hellgrünen Gang ist es tagsüber jedoch nicht ganz so leise – aber es ist eine positive Geräuschkulisse, die an dieser Stelle herrscht. Hier befindet sich nämlich ein Kinderspielplatz.

Der war ganz schön in die Jahre gekommen, als die Stadt beschloss, ihn einer Frischzellenkur zu unterziehen. Und damit nicht die Erwachsenen an ihren Schreibtischen planen, was die Kinder draußen benutzen sollen, durften die Spielplatz-Profis die Gestaltung übernehmen. Die glücklichen Auserwählten waren die Viertklässler der Marienschule. Als gestalterisches Thema für den Spielplatz entschieden sie sich für die Sage des mutigen Fischers Luba, der seine Heimatstadt Lübeck im Mittelalter durch einen Trick von seinen Belagerern befreit hat. Im Kunstunterricht malten sie den Fischer und weitere mittelalterliche Gestalten. Nach diesen Vorlagen wurden Figuren geschnitzt, die den Spielplatz schmücken. Auch die Spielelemente sind aus Holz und nehmen teilweise das Fischerthema auf. So gibt es ein Holzhäuschen mit Rutsche, ein Wackelschiff, eine Sandkiste mit Sandbaustelle und eine Schaukel für Kleinkinder. Und man kann auf einer Tafel die Sage über den mutigen Luba nachlesen, dem nun ein eigener Spielplatz als Andenken errichtet wurde.

Adresse Hellgrüner Gang, 23552 Lübeck // **ÖPNV** Bus 3, Haltestelle Hansemuseum, Zugang über die Straße An der Untertrave zwischen den Hausnummern 25 und 27

TIPP: Einen tollen Spielplatz findet man auch im Gang zwischen Hundestraße und Glockengießerstraße.

39_DIE LÜBECKER LÖWEN

Stets entspannt und fotogen

Majestätisch liegen die beiden Tiere vor dem Lübecker Wahrzeichen. Zwei gusseiserne Löwen, der eine schläft, der andere wacht. Kaum ein Foto des Holstentors, auf dem nicht zumindest eine der Raubkatzen den Vordergrund ziert. Und kaum ein Kind, das an den Löwen vorbeigeht, ohne sich einmal daraufzusetzen. Und natürlich liegt die Assoziation nah, dass die Skulpturen geschaffen wurden, um das Stadttor zu bewachen. Doch sie standen nicht immer hier, sondern sind in Lübeck schon ganz schön herumgekommen.

Es war der Lübecker Kaufmann und Kunstsammler Johann Daniel Jacobj, der sich die beiden Eisengüsse Mitte des 19. Jahrhunderts anfertigen ließ. Sie standen vor dem Portal seines Hauses in der Großen Petersgrube 19. Später zogen sie um und wurden vor dem Hotel Stadt Hamburg auf dem Klingenberg aufgestellt. Es war seinerzeit »das erste Haus am Platze«.

Schon damals hatten die Löwen besonders auf Kinder eine anziehende und beeindruckende Wirkung. Auch auf den jungen Thomas Mann hinterließen sie einen bleibenden Eindruck. Bevor er jedoch zum gefeierten Nobelpreisträger wurde, scheint er sich eher vor ihnen gefürchtet zu haben. So erging es zumindest seinem autobiographisch angelegten Protagonisten Tonio Kröger in der gleichnamigen Novelle.

Nach der Bombennacht am Palmsonntag 1942 war das Hotel Geschichte – die Löwen aber blieben unversehrt. Nach einem kurzen Intermezzo im St. Annen-Museum sind sie letztendlich an ihrem heutigen Standort angekommen.

Adresse Holstentorplatz, 23552 Lübeck // **ÖPNV** Bus 1, 2, 10, 11, 30 (und zahlreiche weitere Linien), Haltestelle Holstentorplatz

TIPP: Puppentheater-Fans kommen im Figurentheater Lübeck und im benachbarten TheaterFigurenMuseum (Kolk 14) auf ihre Kosten. Solange die Gebäude umgebaut werden, ist das Figurentheater mobil unterwegs (www.figurentheater-luebeck.de).

40_DAS MARZIPAN-ABITUR

Von der Medizin zur Nascherei

Es ist DER Lübecker Exportschlager: das Marzipan. Aus Mandeln, Zucker und Rosenwasser wird die Leckerei produziert, die im Mittelalter noch von Apothekern hergestellt und als Medizin verkauft wurde. Gegen welche Leiden das Marzipan helfen sollte und wieso es sich ausgerechnet in Lübeck so etabliert hat, erfährt man bei der Marzipan-Show im historischen Speicher an der Untertrave. Die Show-Konditoren wissen aber auch noch einige andere Geheimnisse und lustige Anekdoten rund um das »Markusbrot« – so die wörtliche Übersetzung des Namens Marzipan – zu berichten.

Während ihres Vortrags formt die Konditorin mit flinker Hand ein Marzipantier nach dem anderen. Und das mit einer solchen Leichtigkeit und mit so plausiblen Erklärungen, dass die Zuschauer es ihr am liebsten sofort gleichtun wollen. Zum Glück sind alle schon vor der Veranstaltung mit einer Portion der süßen Knetmasse ausgestattet worden. Beim Formen stellt sich heraus, dass das Ganze nicht so einfach ist, wie es aussieht. Aber mit ein paar Tipps vom Profi lässt sich doch noch ein ansehnlicher Teddy oder eine hübsche Rose zaubern. Es sind aber natürlich auch eigene Kreationen erlaubt. Doch auf das Ergebnis kommt es gar nicht an. Dabei sein ist alles. Und jeder, der sich an einer Marzipanfigur versucht hat, bekommt zur Belohnung das Marzipan-Abitur verliehen. Das darf man auch dann behalten, wenn die Figur hinterher schnell im Mund verschwunden ist.

Adresse An der Untertrave 98, 23552 Lübeck, www.marzipanland.eu // **ÖPNV** Bus 3, 12, 30, 40, Haltestelle Beckergrube // **Öffnungszeiten** Vorführungen März–Okt. Mo–Fr 12.30 und 14 Uhr // ab circa 7 Jahre

TIPP: Ein Marzipanmuseum mit zwölf lebensgroßen Figuren befindet sich im Stammhaus der Firma Niederegger (Breite Straße 89), die der bekannteste Hersteller von Lübecker Marzipan ist.

41_ DIE MEERJUNGFRAUENSCHULE

Auch Meermänner willkommen!

Seitdem die Meerjungfrau Arielle 1989 das erste Mal über die Leinwand schwamm, träumten Generationen von Mädchen davon, so grazil wie die rothaarige Nixe durch das Wasser zu gleiten. Mittlerweile sind es wohl eher die Meerjungfrauen der Serie H_2O, die die Faszination aufrechterhalten. Und der Traum kann sogar wahr werden. Denn 2012 eröffnete Katrin Grey die erste Meerjungfrauenschule der Welt. Und trat damit eine Welle der Begeisterung los.

In der ganzen Welt gibt es mittlerweile Meerjungfrauenkurse der Meermaid Kat Academy. In Lübeck können kleine wie große Flossenfans unter der Anleitung von Mermaid Lille lernen, wie eine echte Meerjungfrau zu schwimmen. Denn das ist mit dem Nixenschwanz, der aus einer Monoflosse und einem Stoffüberzug besteht, gar nicht so einfach. Schließlich kann man die Beine nicht unabhängig voneinander bewegen, was man natürlicherweise und reflexartig macht, wenn man im Wasser ist. Aber mit etwas Geduld und Vorübungen – zuerst an Land und danach im Kinderbecken – kann man sich schon nach recht kurzer Zeit ins tiefe Wasser trauen.

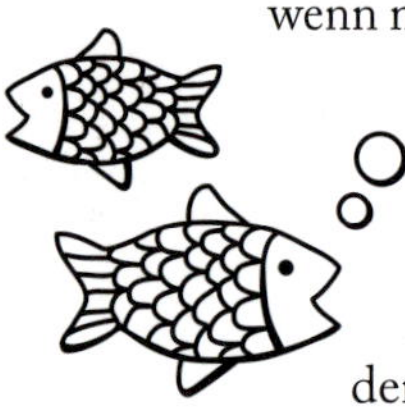

Einmal im Monat steht das Lübecker Zentralbad den Meerjungfrauen und -männern zur Verfügung. Eine eigene Schwimmflosse benötigt man übrigens nicht, die kann man sich vor Ort ausleihen. Viel wichtiger und Grundvoraussetzung, um am Einsteigerkurs teilnehmen zu dürfen, ist das Schwimmabzeichen in Bronze.

TIPP: Nach dem Schwimmbadbesuch sollte man sich unbedingt mit einer großartigen Kreation beim Nachbarn Magic Waffel stärken.

Adresse Schmiedestraße 5–7, 23552 Lübeck, www.meerjungfrauen-schule.de // **ÖPNV** Bus 1, 2, 6, 7 (und weitere Linien), Haltestelle Kohlmarkt oder Sandstraße // **Öffnungszeiten** Termine und Kontakt siehe Website // ab 8 Jahre

42_DIE MITTELALTER-FÜHRUNGEN

Wer weiß denn so was?

Warum ist das Holstentor eigentlich so schief? Warum tranken im mittelalterlichen Lübeck auch schon Kinder Bier? Und wieso sind die vielen Ganghäuser in der Altstadt errichtet worden? Antworten auf diese und viele andere spannende Fragen bekommen Kinder und Jugendliche bei einer Mittelalterführung durch die Altstadt. In 1,5 Stunden geht es vom Holstentor über die Salzspeicher durch die Gänge bis in die Marienkirche. Oder auf einer anderen Route durch die Altstadt – je nach gewähltem Themenschwerpunkt.

Mit Humor und Gefühl für die Fragen und Interessen der jungen Zuhörer leiten die erfahrenen Stadtführerinnen die Tour durch die Altstadtgassen und historischen Gebäude. Meist sind es Schulklassen, die die Führung gebucht haben und bei denen naturgemäß auch einige desinteressierte Teilnehmer mitlaufen müssen. Aber selbst bei bockigen Antworten oder fragwürdigem jugendlichen Humor bleiben die Stadtführerinnen entspannt. Und das wirkt. Spätestens ab der zweiten Hälfte der Tour sind auch die Querschläger mit an Bord, hören zu und versuchen, Antworten auf die Fragen der Stadtführerin zu finden, sodass am Ende alle mehr gelernt haben als in einer mehrwöchigen heimatkundlichen Lehrplaneinheit.

Das Angebot ist aber nicht nur Schulklassen vorbehalten. Auch für eine etwas andere Kindergeburtstagsfeier ist es möglich, die Stadtführung speziell für Kinder zu buchen, gern auch als Kinderquiz. Die Stadtführerinnen stellen sich auf jede Altersgruppe ein.

Adresse Startpunkt der Führungen: unter dem Holstentor, 23552 Lübeck // ÖPNV Bus 1, 2, 10, 11, 30 (und zahlreiche weitere Linien), Haltestelle Holstentorplatz // Öffnungszeiten Buchungen siehe www.gaesteservice-luebeck.de oder unter Tel. 0451/596220 // ab 6 Jahre

TIPP: Noch mehr Stadtgeschichte erfährt man bei der digitalen Stadtrallye »Spurensuche Hanse«. Mit der App aufs Handy installiert, startet die Tour beim Europäischen Hansemuseum.

43_DER OFFENE KANAL

Achtung: Aufnahme läuft!

Medienkompetenz ist im Zeitalter von Social Media und Fake News wichtiger denn je. Dabei sollte der Fokus aber nicht nur auf dem Internet liegen, sondern auch die altgedienten Medien wie Zeitung und Radio sollten berücksichtigt werden. Selbst Radio machen, das gibt es im Offenen Kanal, dem Bürgerradio für Lübeck. Hier dürfen Kinder und Jugendliche in den verschiedenen Studios ausprobieren, wie die Aufnahme- und Sendetechnik funktioniert. Moderationen im Studio aufnehmen, Interviews durchführen, Tonbeiträge zurechtschneiden – all das kann man in verschiedenen Workshops lernen. Wer eine eigene Idee für eine Sendung hat, darf sich sogar ein Studio reservieren und diese realisieren – oder sogar live senden. Den Kindern wird dabei inhaltlich freie Hand gelassen. Die Mitarbeiter stehen bei Bedarf aber immer gern mit Tipps zur Seite.

Feste Sendungen zu bestimmten Sendezeiten und Themen gibt es natürlich auch, und wer möchte, kann sich einer bestehenden Redaktion anschließen. Da bei diesen Formaten ein gewisser inhaltlicher Anspruch besteht und erfahrene Bürgerradiomacher im Team sind, kann man hier auch besonders viel lernen. Zum Beispiel, wie man journalistisch arbeitet, richtig recherchiert, Inhalte prägnant und hörergerecht aufbereitet. Sogar an Live-Reportagen von Veranstaltungen kann man mitwirken. Manch einer, der über ein Schülerprojekt zum »OK« gekommen ist, findet sich als Erwachsener in den Redaktionen von NDR, WDR oder R.SH wieder.

Adresse Kanalstraße 42–48, 23552 Lübeck, www.okluebeck.de // **ÖPNV** Bus 4, 10, 11, 21, 31, 32, 39, Haltestelle Koberg, zu Fuß weiter Richtung Koberg, rechts in Große Gröpelgrube, rechts in Langer Lohberg, links in Weiter Lohberg bis zur Kanalstraße // **Öffnungszeiten** Mo–Mi, Sa 12–22 Uhr, Do–Fr 14–22 Uhr // ab 10 Jahre

TIPP: Im selben Gebäude befindet sich die Musik- und Kunstschule mit ihrem vielfältigen Kursangebot aus Instrumentalunterricht, Tanz und Kunst.

44_DAS PAPPAGENA

Wo sich Papier in Kunstwerke verwandelt

Wenn man das schöne Altstadthaus in der ruhigen Rosenstraße betritt, wird man direkt von einem großen Arbeitstisch und einer eindrucksvollen Wand voller bunt gemusterter Papierbögen empfangen. Ganz augenscheinlich wird hier kreativ gearbeitet. Aus Papier, Pappe und Stoff entstehen in den Kursen von Haike Gerdes-Franke kleine Kunstwerke. Es werden zum Beispiel frühlingshafte Vögelchen oder weihnachtliche Fröbelsterne gebastelt. Fortgeschrittene können aus Pappen und Stoff stapelbare Schatullen oder Utensilos herstellen.

Bis zu acht große oder kleine Bastler*innen können gleichzeitig in der Papierwerkstatt Pappagena arbeiten. Damit sich schnell sichtbare Erfolge einstellen, bereitet Haike Gerdes-Franke die Materialien entsprechend vor. Das ist besonders bei Kindergruppen, die sich meistens zu Geburtstagsfeiern hier einfinden, hilfreich und sorgt für zufriedene Gesichter. Jugendliche und Erwachsene können bei Pappagena auch Kurse buchen, die nicht nur ein paar Stunden, sondern über mehrere Wochen laufen. Dabei werden dann anspruchsvollere Werkstücke erstellt. In diesen Kursen trifft die pensionierte Lehrerin oft auf bekannte Gesichter, die immer wieder unter ihrer Anleitung basteln. Vielleicht liegt es an ihrer Erfahrung als Pädagogin, dass sie ihren Kursen die richtige Struktur gibt. Vielleicht ist es aber auch die Hingabe zu den schönen Dingen und die Kreativität, mit der die Pappagena-Inhaberin immer wieder neue Kunstwerke kreiert, die dann nachgebastelt werden dürfen.

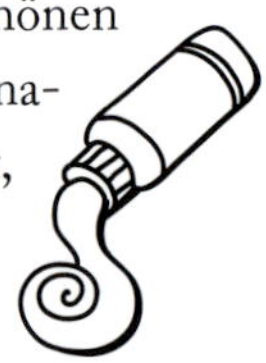

Adresse Rosenstraße 31, 23552 Lübeck, www.pappagena-papierwerkstatt.de // ÖPNV Bus 4, 10, 11, 21, 31, 32, 39, Haltestelle Koberg, zu Fuß weiter Richtung Koberg, rechts in Große Gröpelgrube, links in Rosenstraße // Öffnungszeiten Anmeldung unter Tel. 0451/3080464 oder siehe Website // ab 7 Jahre

TIPP: Spaziert man über den Langen Lohberg bis zur Glockengießer Straße 67, wartet im Amaro eine wunderbare Schokoladenwelt auf kleine Naschkatzen.

45_DIE PFOTENABDRÜCKE

Glücksbringer der etwas anderen Art

Eine Tour durch Lübecks Gänge ist immer spannend. Jeder Gang ist irgendwie anders und hat seine individuellen Besonderheiten. Kinder lieben es, durch die kleinen und engen Durchgänge, die scheinbar speziell auf ihre Körpergröße zugeschnitten sind, voranzuschreiten. Dann können sie auf eigene Faust die teilweise verwinkelten Labyrinthe erkunden, die sich hinter den geradlinigen Häuserfronten an den Altstadtstraßen verbergen. Wer sich Zeit nimmt, die Gänge zu erkunden, und die Augen offen hält, kann dabei auch auf echte Kuriositäten stoßen.

So zum Beispiel im Bäckergang, den man von der Engelsgrube aus betreten kann. Wenn man den hübschen geradlinigen Gang durch den niedrigen Durchgang betreten hat, kann man mit den Kindern ein kleines Suchspiel starten. Wer entdeckt zuerst die Pfotenabdrücke von Hunden und Katzen, die hier in mehreren Backsteinziegeln eingebrannt sind? Doch wie kamen die hierher? Ganz sicher weiß man das heutzutage nicht mehr, es gibt aber verschiedene Theorien: Entweder wurden sie von den Handwerkern, die die Ziegel herstellten, absichtlich in den letzten Ziegel hineingedrückt, den sie vor dem Feierabend formten. Oder aber die feuchten Ziegel wurden vor dem Brennen zum Trocknen in einer Scheune gelagert, wo versehentlich Tiere in sie getreten sind.

Wie auch immer sie hineingekommen sein mögen, für die Menschen im Mittelalter galten Tierpfotenabdrücke als Glückssymbole. Daher wurden sie als Glücksbringer in Hauswände eingemauert.

Adresse Engelsgrube 43/Bäckergang, 23552 Lübeck //
ÖPNV Bus 4, 10, 11, 12, 21, 30, 31, 32, 39, 40, Haltestelle Breite Straße, zu Fuß Richtung Koberg, links in die Engelsgrube

TIPP: Das Koki in der Mengstraße 35 zeigt auch für Kinder qualitätvolle Filme. Ohne Werbung und überteuertes Popcorn.

46_DER SKATEPARK

The place to be für coole Kids

Grinden, sliden, springen. Nichts sieht cooler aus als die Skater auf ihren Boards, wie sie über die Hindernisse rutschen und fliegen. Im Skatepark an der Kanalstraße kann man aber nicht nur den Jungs und Mädels auf ihren Rollbrettern zusehen. Hier sind auch Rollerblades, BMX-Räder und Stuntscooter, die sportliche Variante der Tretroller, im Einsatz.

Während die Jugendlichen ihre Stunts üben, eifern die Jüngeren ihnen nach. Denn an Vorbildern lernt man am besten. Und hier im Skatepark fahren Kinder und Jugendliche aller Altersklassen gemeinsam. Besonders schön ist der nette Umgang miteinander. Die Profis geben sich gegenseitig und den Anfängern Tipps, anstatt Konkurrenz aufzubauen oder einander auszugrenzen. Skaten ist schließlich nicht nur ein Freizeitsport, sondern ein Lebensgefühl. Wer sich etwas länger hier aufhält, stellt fest, dass es nicht nur ums Skaten geht. Man sitzt beisammen, unterhält sich, beklatscht die gelungenen Tricks der anderen.

Die Hindernisse sind hier im Park an der Kanalstraße nicht sehr hoch, sodass auch Anfänger gut zurechtkommen. Kein Wunder, dass gelegentlich sogar Kinder im Kindergartenalter mit ihren Rollern von ihren Eltern hierhin begleitet werden.

Seit der letzten Renovierung ist zwar schon etwas Zeit vergangen, und eine Frischzellenkur würde dem Untergrund guttun, aber die Attraktivität des Platzes ist trotzdem ungebrochen, wie man an den vielen Nutzern unschwer erkennen kann.

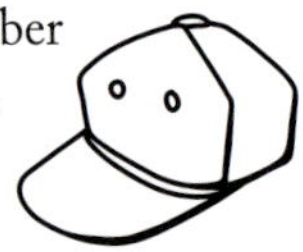

Adresse Kanalstraße Ecke Hüxterdamm, 23552 Lübeck // ÖPNV Bus 15, Haltestelle Blanckstraße, zu Fuß über den Hüxterdamm in die Kanalstraße // Öffnungszeiten jederzeit zugänglich

TIPP: Im Baobab-Park gegenüber der Skateanlage hat das Haus der Kulturen einen »Naschgarten an der Stadtmauer« angelegt. Falls schon alles abgeerntet ist, kann man hier stattdessen den Spielplatz nutzen.

47_ DAS SOULMADE

I scream: »Ice cream«

Ein Kühltresen mit zwölf Sorten Eiscreme und ein Kronleuchter. Das ist alles, was man im Verkaufsraum der kleinen Eisdiele in der Fleischhauerstraße sieht. Aber mehr braucht es auch nicht. Schließlich spricht Eiscreme von Soulmade für sich. Die ist so lecker, dass sich täglich vor dem Tresen eine Schlange, die bis nach draußen reicht, bildet.

Dass das Eis von Jan-Hinrich Gottwald, der eigentlich studierter Wirtschaftsingenieur ist, so besonders schmeckt, ist kein Zufall. Bevor er 2014 die Eisdiele eröffnete, erlernte er bei einem Meister in Norditalien die Kunst des Eismachens. Und er ist in den Wintermonaten bei ausgedehnten Italienbesuchen stets auf der Suche nach besten Zitronen, Pistazien oder Walnüssen, die er dann vor Ort für seine Eiskreationen bezieht. Denn die besondere Qualität der Zutaten sorgt für den außergewöhnlich guten Geschmack. Wer keine Laktose verträgt oder vegan lebt, findet auch immer eine leckere Auswahl an Fruchteissorten ohne Milchbestandteile.

Vor allem für Eltern beruhigend: Aromen oder andere Zusätze haben bei Soulmade nichts im Eis verloren. Da darf es für den Nachwuchs ruhig mal eine Kugel mehr sein. Und nebenbei kann man die Kids dann auch an neue Geschmacksrichtungen abseits von Schlumpfeis oder Bubblegum heranführen. Denn hier können sie Sorten wie Honig-Sesam, kandierten Ingwer oder Grieß-Pflaume-Zimt probieren. Für diese Kreativität und die gelungene Umsetzung wurde Soulmade vom Feinschmecker-Magazin unter die 40 besten Eisdielen Deutschlands gewählt.

Adresse Fleischhauerstraße 61, 23552 Lübeck // ÖPNV Bus 4, 10, 11, 21, 31, 32, 39, Haltestelle Fleischhauerstraße // Öffnungszeiten April–Anfang Okt. Di–So 12–19 Uhr

TIPP: Nebenan öffnet das neue Soulmade Café mit Innensitzplätzen ganzjährig und bietet neben Kaffee abwechslungsreiche Eiskreationen aus der Direkteismaschine an.

48_DAS STADTMODELL

Die ganze Altstadt zum Anfassen

Ein wenig unscheinbar kommt es daher, das Lübecker Stadtmodell auf dem Marktplatz im Schatten von St. Marien. Doch steht man einige Minuten neben dem dreidimensionalen Bronzemodell und orientiert sich an den sieben Türmen der Stadt, tauchen um einen herum immer mehr Interessierte auf. Einheimische genau wie Touristen. Senioren genau wie Kinder. Alle fasziniert der Blick auf die Gänge und Gassen, die Kirchturmspitzen und die Möglichkeit, Lübeck im Format 1,80 Meter mal 1,20 Meter bewundern zu können.

Seit 2004 lässt sich das vom Bildhauer Egbert Broerken gestaltete Modell bestaunen. Und wer genau hinsieht, entdeckt, dass es Beschriftungen in Brailleschrift gibt. Denn es soll nicht nur sehenden, sondern insbesondere auch sehbehinderten Menschen die Gelegenheit geben, die Dimensionen und baulichen Zusammenhänge der Stadt zu erfassen – ja vor allem auch anzufassen. Und das wird auch wahnsinnig gern genutzt, wie man vor allem an den blanken Kirchturmspitzen erkennen kann.

Diese plastische Erfahrbarkeit der Stadt macht das Modell aber nicht nur bei Kindern so beliebt. Und ein bisschen neuere Stadthistorie kann man dem Nachwuchs hier auch vermitteln. Sind doch in den Jahren seit Errichtung des Modells einige imposante Landmarken wie das alte Haerder Kaufhaus und der Bunker in der Hüxstraße, die die Jugend heute gar nicht mehr kennt, modernen Neubauten gewichen.

TIPP: Viele erstaunliche Geschichten, die auch schon Kinder begeistern, erfährt man bei einer Führung durch das historische Rathaus.

Adresse Markt, 23552 Lübeck // ÖPNV Bus 1, 2, 5, 6, 7, 9, 15, 16, Haltestelle Kohlmarkt

49_DER STRANDSALON

Wind um die Nase und Sand unter den Füßen

Wer sagt eigentlich, dass gechillte Beach Clubs nur etwas für coole Teens und Twens sind? In Lübeck sagt das keiner. Denn der Strandsalon an der Spitze der Nördlichen Wallhalbinsel ist ein Beach Club für alle. Okay, wenn Mutti am Samstagabend gegen 21 Uhr noch mit ihren Mädels Cocktails schlürft, während ihre Kinder daneben im Sand buddeln, würde sie schon etwas schräg angeschaut werden. Aber zu kinderfreundlichen Zeiten ist man in der Strandbar inklusive Nachwuchs herzlich willkommen.

Für die Kleinen ist die riesige Sandkiste mitten in der Stadt die perfekte Alternative zum Strand. Hier wird gebuddelt, was die Förmchen hergeben, während die Erziehungsberechtigen sich mit ihrem Kaltgetränk im Liegestuhl zurücklehnen. Wenn es im Sommer mal zu heiß wird, springt man in den Pool. Und wenn die größeren Kids etwas mehr Bewegung wünschen, gibt es eine Partie Beachvolleyball.

Gerade an Wochentagen, wenn die Zeit zu knapp ist, um an den Strand zu fahren, ist der Strandsalon eine entspannte Alternative: ein Plätzchen im Strandkorb oder Liegestuhl, den Sand zwischen den Zehen, den Blick auf die Altstadt im Süden und den Industriecharme der Gollanwerft im Norden. Und ab und zu schippert mal ein Schiff vorbei. Wenn der Hunger kommt, gibt es Salate, Pizza, Burger oder Currywurst. Was braucht man mehr?

> TIPP: Den Strandsalon und die Lübecker Altstadt aus einer anderen Perspektive sehen kann man von den Schiffen der Hafen- und Kanalrundfahrten aus, die an der Ober- und Untertrave starten.

Adresse Willy-Brandt-Allee 25a, 23554 Lübeck, www.strandsalon.de // ÖPNV Bus 3, Haltestelle Hansemuseum, oder Bus 3, 12, 30, 40, Haltestelle Beckergrube, zu Fuß Richtung Drehbrücke und auf die Wallhalbinsel bis zur Spitze laufen // Öffnungszeiten im Sommerhalbjahr täglich 12–01 Uhr, am Wochenende länger

50_DIE TASCHENOPER

Große Musik für kleine Menschen

Mit der Vierjährigen in Wagners Ring? Oder mit dem Achtjährigen zu einer Aufführung von Beethovens Fidelio? Undenkbar. Die Lübecker Taschenoper macht aber genau das möglich. Natürlich nicht auf großer Bühne, mit Orchester und mehreren Akten, sondern im kleinen Rahmen für kleine Menschen. Margrit Dürr und Julian Metzger wollen durch ihre kindgerechten Inszenierungen dafür sorgen, dass es auch in Zukunft weiterhin ein opernbegeistertes Publikum gibt.

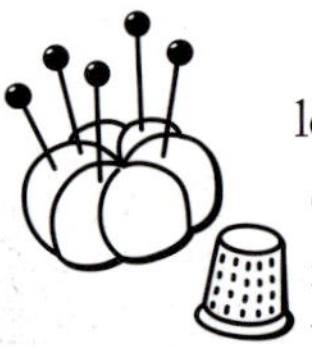

Und das geht so: Die Oper wird in ihre Einzelteile zerlegt – sowohl inhaltlich wie musikalisch. Der Kern bleibt dabei erhalten, und um ihn herum werden die Einzelstücke neu arrangiert. So, dass die Geschichte für Kinder verständlich erzählt wird – je nach Altersgruppe entsprechend verkürzt – und mit einer kammermusikalischen Besetzung auskommt. Schließlich spielt die Taschenoper nicht nur im Jungen Studio des Lübecker Theaters, sondern auch on tour in Kitas und Schulen.

Auf diese Weise wird beispielsweise Wagners Ring zu »Der Drachentöter«, einem Stück für Kindergartenkinder, das für lediglich zwei Sänger sowie Gitarre und Laute umgeschrieben wurde. Die Kinder werden ins Stück mit einbezogen, rufen zusammen mit Siegfried den Drachen und helfen Loge, das Feuer rund um Brünnhilde zu entfachen. Neben den bekannten Opern gibt es aber auch eine Reihe von musikalischen Improvisationsprojekten wie zum Beispiel die Opernbaustelle, bei der Jugendliche ein eigenes Werk entwickeln. So führt man Kinder an klassische Musik heran!

TIPP: Nicht nur klassische Musik, sondern auch Kindermusik, Hörbücher und mehr gibt es im Klassik-Kontor in der Königstraße 115.

Adresse keine feste Spielstätte, Aufführungstermine und -orte unter www.taschenoper-luebeck.de // ab 3 Jahre

51_DIE TEUFELSTREPPE

Weniger gruselig als vermutet

Rund um den Dom gibt es schon ein paar gruselige Straßennamen: Fegefeuer, Hölle und etwas weiter Richtung Obertrave die Düstere Querstraße. Und dann ist da auch noch die Teufelstreppe! Steinerne

Stufen, eingezwängt zwischen hohe Backsteinwände, verbinden den Mühlendamm mit dem Kleinen Bauhof.

Wer sich trotz des Namens hierherwagt und herausfinden will, was denn an dieser Treppe so teuflisch sein mag, ist erst einmal verblüfft. Denn eigentlich ist sie ganz hübsch, mit ihren Mauerbögen und dem Blick auf die Obertrave oder zum Dom, je nachdem an welchem Ende man steht. Sogar nachts, wenn der Schein der alten Gaslaterne die Stufen erhellt, hat die Teufelstreppe ihren Charme. Wie kam sie also zu ihrem diabolischen Namen?

Durch eine Geschichte, die sich vor langer Zeit hier zugetragen haben soll: Einer armen Frau, die im Morgengrauen von ihrer Arbeit in einem reichen Haushalt auf dem Heimweg war, soll genau auf dieser Treppe der Teufel begegnet sein. Da sie ihn leibhaftig vor sich sah, fiel sie vor Schreck in Ohnmacht. Natürlich war es aber nicht der Teufel, den sie gesehen hatte, sondern Senator Stolterfoth. Der ehrwürdige Ratsherr hatte sich lediglich zu Fasching verkleidet.

Ob sein Kostüm so täuschend echt war oder die Frau nach der schweren Arbeit nur etwas verwirrt, ist nicht überliefert. Das ist aber nicht weiter schlimm, denn auch wenn man die Geschichte der Teufelstreppe nicht kennt: Wer einmal hier war, kommt immer wieder gern zurück.

TIPP: Wer genug vom Teufel hat, der kann sich ganz in der Nähe das Paradies ansehen. So heißt nämlich die Vorhalle, die 1259 als nördlicher Eingang in den Dom fertiggestellt wurde.

Adresse Mühlendamm 8, 23552 Lübeck // ÖPNV Bus 1, 2, 4, 6, 7, 9, 15, 16, 17, Haltestelle Fegefeuer

52_ DER TRAVE-SPLASH

Immer eine Handbreit Wasser unterm Reifen

Allein schon der Anblick dieses Fahrzeugs versetzt Kinder in Verzückung. Irgendwie sieht der Bus anders aus als andere Busse, und dann auch noch das lustige »Gesicht« und die bunte Bemalung! Mit dem will jedes Kind eine Stadtrundfahrt machen. Aber nicht nur wegen der schrägen Optik. Dieser Bus kann etwas ganz Besonderes: Er fährt nicht nur an Land, sondern schwimmt auch im Wasser. Es handelt sich nämlich um einen Amphibienbus.

Ursprünglich wurden Amphibienfahrzeuge für militärische Zwecke und für den Katastrophenschutz entwickelt. Sie sollten dort zum Einsatz kommen, wo ein schnelles Anlanden von Wasserfahrzeugen erforderlich war. Aber auch für den zivilen Einsatz wurden immer wieder Gefährte entwickelt und getestet. 2017 war es dann in Lübeck so weit: Der Amphibienbus trat seine Jungfernfahrt an. Seitdem fährt er seine Touren durch die Altstadt und umrundet Selbige auf dem Wasser.

Mittlerweile ist der schwimmende Bus ein wohlbekannter Anblick in der Stadt, er zaubert den Kindern aber immer noch sofort ein Lächeln aufs Gesicht. Wenn der Wunsch nach einer Tour mit dem Trave-Splash dann endlich erfüllt wird, überkommt die meisten spätestens bei der Anfahrt auf die Rampe ein mulmiges Gefühl. Und dann gibt der Fahrer auch noch Gas, und das Fahrzeug landet mit einem lauten Platsch im Wasser! Wer soll da noch unterscheiden, ob die Fahrgäste vor Freude oder Angst aufgeschrien haben? Das war dann aber auch schon genug Action. Danach dreht der Amphibienbus ganz entspannt seine Runde auf dem Wasser um die Altstadtinsel.

Adresse An der Untertrave 92, 23552 Lübeck, www.splashtour-luebeck.de // **ÖPNV** Bus 3, 12, 30, 40, Haltestelle Untertrave // **Öffnungszeiten** Abfahrtszeiten siehe Website

TIPP: Wer lieber an Land bleibt, kann auch eine Stadtrundfahrt mit dem roten Doppeldeckerbus (im Sommer Open-Air) unternehmen, der ebenfalls an der Untertrave abfährt.

53_DIE UHR VON ST. JAKOBI

Vorsicht, fliegende Zeiger!

Die berühmten sieben Türme der Lübecker Altstadt stellen die erste freiwillige heimatkundliche Lektion für die meisten Kinder im Vorschulalter dar. Denn schließlich ist es eine tolle Herausforderung, alle Türme zu erkennen und den jeweiligen Kirchen zuzuordnen. Und das ist gar nicht mal so schwer. Denn jeder Turm hat individuelle Merkmale. St. Jakobi ist unverwechselbar durch die Kugeln an den Ecken des Turmhelms. Und sie ist die einzige Altstadt-Kirche, die eine Turmuhr besitzt.

Genauer gesagt sind es vier Uhren – an jeder Turmseite eine. Wenn man aber auf einer dieser Uhren die Zeit ablesen will, stellt man fest, dass etwas fehlt: der Minutenzeiger. Es handelt sich nämlich um sogenannte Einzeigeruhren, die nur die Stunden anzeigen. Das war bis zum Ende des 17. Jahrhunderts durchaus üblich, denn damals gingen die mechanischen Uhrwerke noch nicht so genau, und die Minutenanzeige wäre ohnehin nie korrekt gewesen. Und so können die Kleinen an St. Jakobi das Uhrenlesen üben. Es genügt lediglich zu erkennen, auf welcher Zahl der Zeiger steht oder ob er sich zwischen zwei Zahlen befindet.

Im Jahr 2019 hatten die Uhren über Monate hinweg gar keine Zeiger mehr. Denn einer von ihnen war plötzlich aus 80 Metern Höhe auf den Vorplatz gestürzt. Zur Sicherheit wurden auch alle anderen Zeiger vorübergehend abmontiert. Aber mittlerweile hat die Kirche ihre Zeiger zurückerhalten, und nun kann wieder jedes Kind die Uhren bestaunen und an ihnen üben.

TIPP: St. Jakobi war die Kirche der Seefahrer. In ihrem Inneren befindet sich mit dem Rettungsboot der in einem Sturm gesunkenen »Pamir« eine eindrucksvolle Gedenkstätte für die zivile Schifffahrt.

Adresse Jakobikirchhof, 23552 Lübeck // ÖPNV Bus 4, 10, 11, 12, 21, 30, 31, 32, 39, 40, Haltestelle Breite Straße

54_DER VERSTEINERTE WAL

Da leuchten Paläontologen-Augen

Schleswig-Holstein ist heute das Land zwischen den Meeren. Doch vor elf Millionen Jahren waren Teile dessen, was wir heute Schleswig-Holstein nennen, von Wasser bedeckt. Damals erstreckte sich hier nämlich noch die Ur-Nordsee. Und in dieser Zeit lagerten sich auf dem Meeresboden Skelette von Walen, Robben und anderen Meerestieren ab. Immer wieder werden sie versteinert als sogenannte Fossilien rund 40 Kilometer südlich von Lübeck in Groß Pampau entdeckt und ausgegraben. Dort lagern die Schätze in einer Kies- und Tongrube, die in der Schicht aus Glimmerton gut erhalten wurden.

Einige besondere Exemplare aus Groß Pampau werden im Museum für Natur und Umwelt ausgestellt. Darunter die Überreste eines Ur-Delfins, eines Hais sowie von Fischen, Krebsen, Muscheln und Schnecken. Unangefochtenes Highlight ist aber das nahezu vollständig erhaltene Skelett eines knapp 7,5 Meter langen Bartenwals. Dies ist auch unter Paläontologen ein international beachtetes Objekt.

Die kleinen Forscher können nicht nur den versteinerten Wal und die anderen fossilen Funde bewundern, sondern dürfen im Museum an einer originalgetreu nachgebildeten paläontologischen Grabungsstelle die Fossilien sogar anfassen. Neben den vielen anderen naturkundlichen Ausstellungsstücken und Mitmachstationen sollte man aber ein weiteres imposantes Stück nicht verpassen: das gigantische Skelett eines 1997 an der dänischen Küste gestrandeten Pottwals, das sich im Domhof befindet.

Adresse Museum für Natur und Umwelt, Musterbahn 8, 23552 Lübeck, www.museum-fuer-natur-und-umwelt.de // **ÖPNV** Bus 1, 2, 4, 6, 7, 9, 15, 16, Haltestelle Fegefeuer, zu Fuß die Königstraße hinuntergehen und rechts in die Musterbahn abbiegen // **Öffnungszeiten** Di–Fr 9–17 Uhr, Sa, So 10–17 Uhr // ab circa 6 Jahre

TIPP: Am nahe gelegenen Krähenteich lädt das Altstadtbad (An der Mauer 51) zum Schwimmen ein. Das flache Wasser eignet sich besonders für ganz kleine Kinder.

55_ DAS WASSERTHEATER

Wo die Marionetten schwimmen lernen

Marionettentheater war und ist der Dauerbrenner bei den jüngsten Theaterbesuchern. Ein etwas anderes Marionettentheater, das Klein wie Groß begeistert, findet man in der Kanalstraße. Und das ist wirklich etwas ganz anderes, so anders, dass es als eigenständige Theaterform anerkannt ist: ein Wasser-Marionetten-Theater.

Es spielt in den unterschiedlichsten Behältnissen – vom kleinen Wasserglas bis zum 3.000 Liter umfassenden Theateraquarium. Die Protagonisten in den Geschichten, die das Wassertheater erzählt, sind kleine Fische, Meerjungfrauen, Quallen und viele andere Meeresbewohner. Aber auch Taucher und U-Boote werden ins Becken geschickt – manchmal fällt sogar der Puppenspieler selbst hinein. Das Bühnenbild befindet sich nicht nur im Becken, sondern auch außerhalb und bezieht teilweise sogar den Zuschauerraum mit ein.

Das alles ist schon ein Unikum in der Theaterlandschaft. Aber das, was dieses Theater so besonders macht, ist die Gesamtproduktion. Es wird nicht nur mit den Puppen und dem Bühnenbild gearbeitet, sondern auch mit Licht im Wasser gemalt, was einzigartige Wasserwelten entstehen lässt. Ergänzt wird alles durch eigens für die Stücke komponierte Musik. Doch Beschreibungen helfen hier nicht weiter, man muss dieses Theater gesehen haben, um es sich vorstellen zu können.

Adresse Kanalstraße 108, 23552 Lübeck, www.wassertheater.de // **ÖPNV** Bus 15, Haltestelle Blanckstraße, zu Fuß über den Hüxterdamm in die Kanalstraße // **Öffnungszeiten** Vorstellungen siehe Website // ab 3 Jahre

TIPP: Eine ganz andere Theaterform erleben Erwachsene und Kinder in den Impro-Shows des Theater Combinale (Hüxstraße 115). Die Zuschauer geben das Stichwort, die Schauspieler improvisieren.

56_DIE DUMMERSDORFER LÄMMER

So kuschelig!

Jeder Jahr im Frühling ist es so weit: Es ist Lammzeit am Dummersdorfer Ufer! Dem gleichnamigen Landschaftspflegeverein gehören zwei Herden mit Heidschnucken und Pommernschafen, die insgesamt etwa 1.000 Tiere umfassen. Sie weiden fast das ganze Jahr draußen in den Naturschutzgebieten rund um die Traveförde und tragen damit zur Landschaftspflege bei. Nur für wenige Wochen, in den kältesten Wintermonaten, kommen sie in den Stall.

Und auch wenn die kleinen Lämmer das Licht der Welt erblicken, verweilen die Muttertiere für ein paar Wochen mit ihnen im Stall und auf den Hofweiden der Naturschutzstation. Mehrere hundert sind das jedes Jahr, die den ganzen Hof mit ihrem zarten Blöken erfüllen. Das zieht Schulklassen, Kindergartengruppen und Familien magisch an. Sie können sich zu den Lammführungen anmelden und den süßen Lämmern ganz nah kommen.

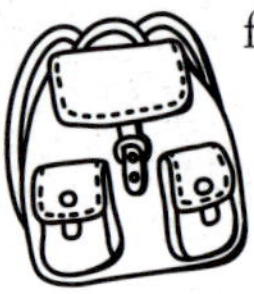

Doch bei den Lammführungen geht es nicht nur um Streicheleinheiten für die Lämmer, wenn sie es denn zulassen, sondern auch um naturpädagogische Bildung. Die Kinder erfahren dabei viel Wissenswertes über die Schafe und ihren Nutzen für die Natur. Übrigens: Wenn die Lämmer »reisefähig« und zu den Herden auf die Weiden gezogen sind, verwandelt sich der Schafstall über die Sommermonate zum Heuhotel für Schulklassen, Radwanderer oder alle, die schon immer mal im Heu schlafen wollten.

Adresse Resebergweg 11, 23569 Lübeck, www.dummersdorfer-ufer.de // ÖPNV Bus 31, 33, 39, Haltestelle Roter Hahn, zu Fuß über Westpreußenring, in Elbingstraße und weiter in Breslaustraße abbiegen, weiter auf Resebergweg // Öffnungszeiten Termine für Lammführungen auf Anfrage unter Tel. 0451/301705

TIPP: Lohnenswert ist auch ein Spaziergang zur Landspitze Stülper Huk am Dummersdorfer Ufer, wo man sogar in der Trave baden kann. Wenn man mit dem Pkw den Hirtenbergweg bis zum Parkplatz fährt, ist die Wegstrecke (circa 1,2 Kilometer) auch für Kinder gut geeignet.

57_DER GESCHICHTS-ERLEBNISRAUM

Wir bauen unsere Mittelalter-Stadt

Wie lebten die Menschen in der Hansezeit? Wie sah ein Langhaus aus der Wikingerzeit aus? Und welche Werkzeuge benutzte man in der Steinzeit? Das alles lernen Kinder im Sachunterricht in der Schule. Aber Zeichnungen zu sehen und Erklärungen zu hören ist eher theoretischer Natur. Solche Dinge lassen sich viel besser verstehen, wenn man sie im wahrsten Sinne des Wortes *begreifen* kann. Wenn man die Werkzeuge anfasst und selbst benutzt, wenn man in die Rolle eines hanseatischen Händlers schlüpft oder an einem mittelalterlichen Gebäude selbst mitbaut, dann erst taucht man wirklich ein in die Geschichte Nordeuropas.

Der Geschichtserlebnisraum Roter Hahn lässt diese lebendig werden. Auf dem riesigen Gelände wurden mit den Kindern zusammen schon viele mittelalterliche Rekonstruktionsbauten realisiert. Besonders beeindruckend sind der mittelalterliche Tretkran mit seinem fünf Meter hohen Tretrad und die Wandstabkirche nach norwegischem Vorbild mit ihren bunten Malereien. Letztere wird auch Teil des laufenden Großbauprojekts sein – der Errichtung einer mittelalterlichen Klosteranlage, die bis 2026 fertiggestellt werden soll.

Aber nicht nur Kinder, die Freude am Bauen und Werken mit Holz haben, sind hier richtig. Auch diejenigen, die Tiere mögen, können beim Füttern und Pflegen der alten Haustierrassen mithelfen. Andere handwerkliche Tätigkeiten, gemeinsames Kochen oder Spielen sind hier selbstverständlich auch möglich.

TIPP: Die Zeit der Industrialisierung in Lübeck wird im Industriemuseum Geschichtswerkstatt Herrenwyk (Kokerstraße 1–3) erlebbar.

Adresse Pommernring 58, 23569 Lübeck, www.geschichtserlebnisraum.de // **ÖPNV** Bus 31, 33, 39, Haltestelle Tilsitstraße, zu Fuß über Westpreußenring zum Pommernring // **Öffnungszeiten** Di–Fr 13–18 Uhr, Sa, So bei Veranstaltungen siehe Website // ab circa 6 Jahre, jüngere Kinder mit Begleitung

58_DAS JUZE

Heimat für Spiel und Kreativität

Tanzen, kicken, kochen, spielen. Dafür treffen sich jeden Nachmittag Kinder und Jugendliche ab zehn Jahre aus dem Stadtteil Kücknitz im JUZE. Im Jugendzentrum haben sie Freiraum für eigene Ideen und die Möglichkeit, sich mit ihren Freunden zu treffen oder neue kennenzulernen. Die Betreuer stehen ihnen beratend zur Seite und helfen in allen Lebenslagen. Besonders beliebt sind die Tanzgruppen, die mit ihren Videoclip-, Hip-Hop- oder K-Pop-Choreografien bei den Festen des JUZE und im Stadtteil regelmäßig auftreten.

Das JUZE ist seit 1972 fest im Stadtteil verankert und hat viele Kooperationspartner. Eltern, die früher selbst das JUZE besucht und es als ihr zweites Zuhause betrachtet haben, schicken heute ihre eigenen Kinder gern hierher. Es gibt verschiedene Gruppen, eine Sporthalle, Ausflüge und Übernachtungen werden organisiert, Feste veranstaltet, und es gibt die »Offene Tür« – jeder kann spontan vorbeikommen!

Das Kücknitzer Jugendzentrum bietet aber auch etwas ganz Besonderes, das es nicht überall gibt: zum Beispiel ein Kinder- und Jugendgremium, in dem einmal monatlich alles mit den Nutzern besprochen und abgestimmt wird. Oder aber das Projekt JUZE Kücknitz TV. Die Kinder und Jugendlichen werden dabei zu Stadtteilreportern ausgebildet. Sie recherchieren zu verschiedenen Themen, führen Interviews und berichten von Veranstaltungen des JUZE. Anschließend schneiden die Reporter das Material zu interessanten Videoclips zusammen, die im eigenen YouTube-Channel des JUZE veröffentlicht werden.

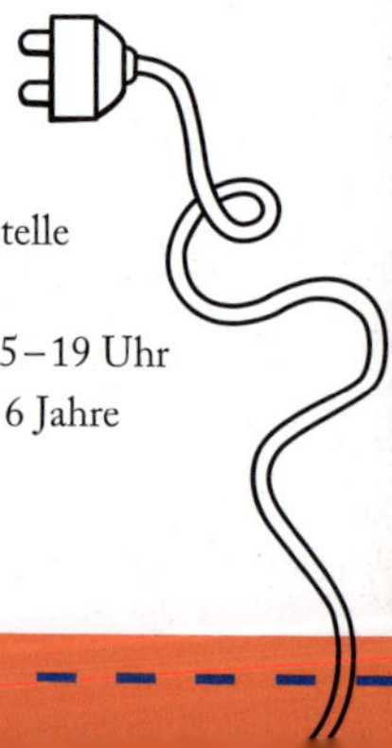

Adresse Haferkoppel 11, 23569 Lübeck // **ÖPNV** Bus 32, Haltestelle Dummersdorfer Scheide, zu Fuß über Dummersdorfer Straße in Haferkoppel // **Öffnungszeiten** Mo, Di, Do, Fr 14–20 Uhr, Mi 15–19 Uhr Mädchen-/Jugendgruppe, aktuelles Programm auf facebook // ab 6 Jahre

TIPP: Wenn der Weg nach Kücknitz für die Kinder zu weit ist, können sie auch die vielfältigen Angebote im Kinder- und Jugendkulturhaus Röhre (Mengstraße 45) nutzen.

59_DAS TIERHEIM

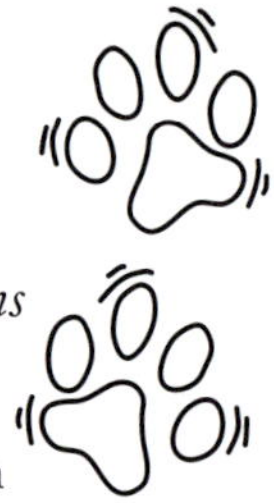

Ein Führerschein für Hunde- und Katzenfans

Ein Hund oder eine Katze! Zeitloser Klassiker, wenn es um die Wunschliste zu Weihnachten geht. Aber dass Tiere nicht unter den Weihnachtsbaum gehören, versteht sich von selbst. Schließlich muss die Anschaffung gut überlegt sein, und man sollte das Tier vorher kennenlernen, um zu testen, ob die Chemie stimmt. Wer ganz auf Nummer sicher gehen will, wird vor dem Kauf aktiv und nimmt an den Kinder- und Jugendangeboten des Lübecker Tierheims teil, um alles über das Thema Hunde- oder Katzenhaltung zu erfahren.

Denn in den Oster- oder Herbstferien können Kinder im Tierheim den Hunde- oder Katzenführerschein machen. Welche Regeln gelten im Umgang mit dem jeweiligen Tier? Welche Bedürfnisse hat es? Welches Futter ist richtig? Was will das Tier mir mit seinem Verhalten sagen? All das und noch mehr lernen die Kinder im theoretischen Teil des Führerscheins. Aber natürlich gibt es auch einen Praxisteil, bei dem mit den Hunden Gassi gegangen und mit den Katzen gespielt und gekuschelt werden darf – sofern gerade ausreichend verträgliche und entspannte Tiere im Tierheim sind.

Die mehrtägigen Kurse sind auch eine gute Grundlage, wenn die Kinder sich mit der Betreuung der Tiere der Nachbarn oder Freunde ein bisschen Geld dazuverdienen wollen. Und natürlich dürfen auch alle anderen, die sich einfach nur für den Umgang mit den Tieren interessieren, teilnehmen. Wer noch weiter am Thema Tierschutz dranbleiben will, der kann auch zu den monatlichen Treffen der Tierschutzjugend kommen, die es für Kinder ab sechs und Jugendliche ab elf Jahre gibt.

TIPP: Das kleine Hallenbad in Kücknitz (Flenderstraße 87 A) bietet im Sommer eine Liegewiese im Freien.

Adresse esebergweg 20, 23569 Lübeck, www.tierschutz-luebeck.de // **ÖPNV** Bus 31, 33, 39, Haltestelle Roter Hahn, zu Fuß über Westpreußenring, in Elbingstraße und weiter in Breslaustraße abbiegen, weiter auf Resebergweg // **Öffnungszeiten** Termine für Kinder- und Jugendangebote auf der Website // ab 6 Jahre

60_DER CIRCUS CHARIVARI

Ein Mitmachzirkus ohne Grenzen

Seiltänzer, Jongleure, Akrobaten und vieles mehr bietet der Circus Charivari – von Kindern für Kinder. Die Zirkuskinder trainieren regelmäßig unter dem Dach des Sportvereins Lübeck 1876. Und die Warteliste, die Zirkusdirektorin Trix Langhans führt, ist lang. Denn wer die bunte Truppe einmal erlebt hat, möchte am liebsten sofort selbst mitmachen.

Aber was ist es, das die Begeisterung für den Circus Charivari ausmacht? Es muss das Gefühl sein, das die Gruppe in ihren Vorführungen transportiert. Hier steht nicht der Leistungsgedanke im Vordergrund. Nicht wer die schwierigste Nummer bewältigt, ist der Star. Der Star ist die Gemeinschaft, die zusammen – jeder nach seinen Fähigkeiten – eine gute Show auf die Bühne bringt. Denn jeder ist in diesem Zirkus willkommen: egal, ob gelenkig, stark oder motorisch eingeschränkt. Charivari ist ein integrativer Zirkus. Dass sich die Kinder stets gegenseitig unterstützen und die Älteren auch die Jüngeren trainieren, spürt man in den Zirkusshows.

Genau dieser Aspekt der gegenseitigen Hilfe ist Trix Langhans so wichtig. Darum kooperiert sie auch mit Zirkusgruppen aus Brasilien und Kenia. Die Jugendlichen dort leben teilweise in ärmsten Verhältnissen und finden beim Zirkus eine Gemeinschaft und Halt. Charivari lädt die Gruppen regelmäßig nach Deutschland zu gemeinsamen Auftritten ein, um dadurch Geld zur Unterstützung in ihrer Heimat zu sammeln. Noch ein Grund mehr, die Vorführungen des Circus Charivari zu besuchen und fleißig für seine tolle Arbeit zu spenden!

Adresse Travemünder Allee 69e, 23568 Lübeck, www.circus-charivari.de // **ÖPNV** Bus 30, 31, 32, Haltestelle Jungborn // **Öffnungszeiten** Vorführungen siehe Website // ab 6 Jahre

TIPP: Für Kinder, die gern akrobatisch aktiv werden möchten, gibt es im Sportverein Lübeck 1876 auch das Angebot, in der Trampolin-Gruppe mitzumachen.

61_DAS LANDSCHÄTZCHEN

Raus in den Garten!

Ein kleines Verkaufshäuschen, ein paar Tische, Bänke und Stühle. Mit mehr mussten Christoph und Nikola Benett ihren Garten nicht ausstatten, um ein Ausflugscafé zu schaffen, das besonders von Familien heiß geliebt wird. Denn der Garten selbst war schon vorher ein kleines Idyll: eine große Wiese, hübsch umrahmt von alten Bäumen und blühenden Sträuchern. Dazu frei laufende Kaninchen, ein Hühnergehege, zwei Ponys, Ziegen und ein freundlicher Hund.

Weil man in dieser Atmosphäre gern verweilt, traf sich Nikola Benett hier regelmäßig mit ihren Freundinnen und deren Kindern. Die Mütter tranken Kaffee, während die Kleinen nach Herzenslust tobten oder sich mit den Tieren beschäftigten. Und da Christoph Benett damals noch im Haus einen kleinen Laden mit Produkten aus dem Bio-Bauernhof seines Bruders betrieb, war schnell die Idee geboren, den Laden um ein kleines Café zu erweitern. Mit Gastronomie kannte sich die Familie, die seit fünf Generationen im Stadtteil Israelsdorf beheimatet ist, schließlich aus. Schon der Großvater betrieb zusätzlich zur Landwirtschaft eine kleine Gaststätte, direkt gegenüber dem heutigen Gartencafé.

Seit seiner Eröffnung ist das Landschätzchen im Sommerhalbjahr an den Wochenenden geöffnet und nicht nur zum Treffpunkt im Stadtteil geworden. Es zieht auch viele Gäste aus ganz Lübeck und Umgebung an, weil es hier einfach leckeren Kuchen und Eis gibt. Das perfekte Ziel für eine Radtour.

Adresse Eichenweg 10, 23568 Lübeck, www.landschaetzchen-gartencafe.de // **ÖPNV** Bus 12, Haltestelle Eichenweg // **Öffnungszeiten** in der Gartensaison Fr–So 14–19 Uhr (in den Sommerferien auch unter der Woche)

TIPP: Im Camp Tilgenkrug (Buchenweg) bietet der Verein Exeo eine natur- und erlebnispädagogische Ferienbetreuung an.

62_DAS LAUERHOLZ

Unterwegs im Ökowald

Einfach mal durch den Wald streifen, die Natur und die Ruhe genießen. Der Lübecker Stadtwald bietet dafür rund 4.600 Hektar Fläche. Das Schöne daran: Seit 1994 wird er naturnah bewirtschaftet. Das bedeutet, er wird im Wachstum sich selbst überlassen, Totholz verbleibt als Lebensraum für Insekten im Wald, und es kommen natürlich keine Gifte zum Einsatz. Damit ist die Hansestadt nicht nur bundesweit ein Vorbild für andere Städte, die ihre Bewirtschaftung auf das umweltfreundliche und zugleich wirtschaftlich leistungsfähigere Lübecker System umgestellt haben. Was für ein gutes Gefühl, die Kinder in einem ökologisch so vorbildlichen Wald herumtoben und alles erforschen zu lassen.

Das Lauerholz, das 1892 als Erholungswald für die Städter angelegt wurde, ist das größte der Lübecker Forstreviere. Hier findet man ein gutes Wander-, Rad- und Reitwegenetz. Mit dem Rad schaffen problemlos auch schon jüngere Schulkinder eine Tour quer durch den Forst. Für den Start bietet sich beispielsweise der Eingang beim Reiterverein Am Rittbrook an. Hier fährt man auf den Waldwegen durch den Eichenwald Richtung Norden und überquert die Brücke, die die Travemünder Allee kreuzt. Auf der anderen Seite ist es dann nicht mehr weit bis zur Katharinenwiese, dem Highlight für Kinder im Lauerholz. So ein riesiger Spielplatz mitten im Wald mit tollen Geräten! Und Picknicken oder Grillen kann man hier auch.

TIPP: Ökologisch angebaute Weihnachtsbäume aus dem Lübecker Stadtwald gibt es in der Adventszeit auf dem Holzhof Wesloe (Wesloer Landstraße 78).

Adresse zum Beispiel Am Rittbrook, 23566 Lübeck // **ÖPNV** Bus 10, 21, Haltestelle Am Rittbrook

63_DER LUDO-LIUBICE E.V.

Von Azul bis Zooloretto

Gibt es eigentlich etwas Gemütlicheres als einen Spielenachmittag mit Karten- oder Brettspielen? Wenn alle beisammen sind, miteinander kommunizieren und besonders die mit digitaler Unterhaltung aufwachsenden Kinder sich mal voll und ganz auf ein analoges Spiel einlassen. Meist werden solche Nachmittage mit dem Satz »Das machen wir jetzt öfters!« beendet.

Wer seine liebsten Gesellschaftsspiele mal in größerer Runde spielen oder neue Spiele kennenlernen will, der ist bei Ludo-Liubice richtig. Die Mitglieder des Lübecker Spielevereins treffen sich an festen Terminen, um die unterschiedlichsten und neuesten Spiele auszuprobieren. Dazu gehören auch phantastische Abenteuer bei Tischrollenspielen und Tabletops. Meist wird abends und in erwachsener Runde gespielt, aber es gibt auch regelmäßig Termine für Familien und Kinder. Zum Beispiel den Familiensonntag im Clubhaus des TuS Lübeck oder in Timmendorfer Strand. Etwa einmal im Monat wird auch im Audimax der Universität gespielt – vom Nachmittag bis in die Nacht hinein. Auch diese Termine sind für Familien offen und wie alle öffentlichen Termine des Vereins kostenfrei und ohne Mitgliedschaft nutzbar.

Apropos Mitgliedschaft: Dass die Gründungsmitglieder von Ludo-Liubice den Geschmack der Lübecker getroffen haben, erkennt man nicht nur an den gut besuchten Veranstaltungen. Der 2016 von sieben Spielbegeisterten gegründete Verein hat mittlerweile schon über 200 Mitglieder.

TIPP: Im Naturbad am Kleinen See in Eichholz (Gleisweg) kann man umgeben von hohen Bäumen in der Wakenitz schwimmen.

Adresse Schlutuper Straße 37, 23566 Lübeck, www.ludo-liubice.de // ÖPNV Bus 3, 4, 11, Haltestelle Hebartweg // Öffnungszeiten Termine für Familienspielen auf der Website // ab circa 6 Jahre

64_RODELN IM DRÄGERPARK

Raus aus der Bude und rauf auf die Kufen

Leider sind sie selten geworden: lange, kalte Winter mit Tonnen von Schnee. Aber wenn dann doch mal ein paar Schneeflocken vom Himmel fallen, gibt es kein Halten mehr! Dann stürmen kleine wie große Lübecker mit ihren Schlitten hinaus. Und siehe da – selbst im norddeutschen Flachland gibt es vorzügliche Rodelhänge. Im Drägerpark findet man gleich mehrere, die ihre eingefleischten Fans haben.

Zum Beispiel den langen Hang an der Marlistraße. Hier kann man sogar vereinzelt Snowboarder oder Skifahrer sehen, die ein bisschen Alpenfeeling in den Norden holen wollen. Aber Obacht! Die Abfahrt ist trichterförmig, was bedeutet, dass oben zwar viele Schlitten gleichzeitig starten können, es bei zeitgleicher Ankunft am Fuß des Hangs aber bisweilen etwas eng werden kann. Doch durch gegenseitige Rücksichtnahme bleibt das Rodelvergnügen auch bei hohem Verkehrsaufkommen fast immer unfallfrei.

Mit jüngeren Kindern bietet sich auch der etwas kleinere Hang unterhalb des Tors der Hoffnung an, der sich zwischen Kleingärten befindet und im Sommer als Grillwiese genutzt wird. Hier ist nicht ganz so viel Betrieb, und man kann einen wunderbaren Blick zum gegenüberliegenden Ufer der Wakenitz und auf die verschneiten Altstadtdächer mit den sieben Türmen genießen. Außerdem verläuft hier die Abfahrtsrampe geradlinig, sodass parallel gerodelt wird und kaum Unfallgefahr besteht.

Und wenn der Schnee mal wieder auf sich warten lässt: Auf dem tollen Spielplatz im Drägerpark hat man immer Spaß.

TIPP: Wenn der Winter richtig kalt ist, kann man auf dem Teich im Stadtpark Schlittschuh laufen.

Adresse Drägerpark, 23566 Lübeck //
ÖPNV Bus 4, 11, Haltestelle Drägerpark

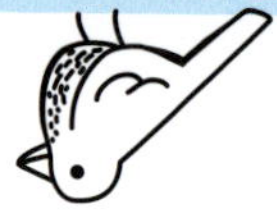

65_DER TREIDELSTIEG

Ein Paradies nicht nur für Vögel

Raus in die Natur! Dafür ist der Schellbruch der perfekte Ort. Im Naturschutzgebiet an der Trave findet man ausgedehnte Schilfflächen, Lagunen und Vögel. Viele Vögel! Es ist das bedeutendste Vogelschutzgebiet Lübecks.

Was einen Spaziergang im Schellbruch außerdem so besonders macht, ist der Treidelstieg. Schnurgerade zieht sich dieser Weg direkt am Ufer der Trave entlang. Stellenweise wird der Pfad sogar auf beiden Seiten vom Wasser begrenzt – im Norden von der Trave, im Süden von den Lagunen des Schellbruchs. Wenn man Glück hat, schippert sogar ein großes Frachtschiff auf dem Weg von der oder zur Ostsee vorbei. Zum Greifen nah!

Im Mittelalter war der Transportweg auf dem Wasser noch viel wichtiger als heute. Die Waren, die aus den Ostseeländern in Travemünde ankamen, wurden auf der Trave nach Lübeck gebracht und dort umgeschlagen. Und weil der Antrieb mit Segeln auf dem Fluss nicht so gut funktionierte wie auf dem Meer und das Rudern auf Dauer auch etwas anstrengend war, wurde der Treidelstieg angelegt. Auf diese Weise konnten Zugtiere vor die Schiffe gespannt werden. Die Zugpferde wurden auf dem Pfad entlanggetrieben und zogen so die auf dem Wasser gleitenden Schiffe hinter sich her. Wenn keine Pferde eingesetzt werden konnten, mussten die Schiffe von Menschen gezogen werden.

TIPP: Unweit des Schellbruchs liegt die Erlebniswelt Hülshorst (An der Hülshorst 11), in der man kinderfreundliches Bowling und Schwarzlicht-Minigolf spielen kann.

Adresse Nähe Buchenweg, 23568 Lübeck // **ÖPNV** Bus 12, Haltestelle Buchenweg, zu Fuß uber den Buchenweg durch den Wald bis zum Schellbruch mit den Lagunen

66_DER BIENEN-LEHRPFAD

Was summt denn hier?

Ohne Bienen kein Honig. Das wissen schon die Kleinsten. Aber viele Kinder wissen nicht, dass es ohne Bienen auch keine bunten Blumen und kein Obst gibt. Dabei sind gerade die Bienen ein ideales Anschauungsobjekt, um Kindern ein Verständnis für das Zusammenspiel der verschiedenen Organismen in der Natur zu vermitteln. Denn auch die Jüngsten können sich schon bildlich vorstellen, wie die schwarz-gelben Brummer auf ihrer Suche nach Nektar die Blüten von Zier- und Nutzpflanzen bestäuben und zu ihrer Verbreitung oder Befruchtung beitragen. Auf diese Weise lernen sie, dass jedes noch so kleine Insekt seinen Nutzen hat und schützenswert ist.

Der Schulgarten ist ein besonders schönes Kleinod, in dem Kinder viele Pflanzen entdecken und kennenlernen können. Seit 2016 gibt es hier zusätzlich einen Bienenlehrpfad und seit 2017 auch kostenlose Bienenführungen für Kindergruppen. An den Wissensinseln des Lehrpfads erfahren die Besucher nicht nur vieles über die Bienen, sondern auch über die Umwelt und die anderen Tiere, die hier leben. Es gibt eine große Insektenwand in Form eines kleinen Häuschens, an dem man viele der geflügelten Nützlinge beim Ein- und Ausfliegen beobachten kann. Auch für Wildbienen, die in Erdlöchern nisten, gibt es ein Biotop. Und im offenen Bücherschrank kann man es sich gemütlich machen und sich viel naturkundliches Wissen anlesen.

Adresse An der Falkenwiese/Ecke Wakenitzufer, 23564 Lübeck, www.luebecker-schulgarten.de // ÖPNV Bus 15, An der Falkenwiese // Öffnungszeiten April–Okt. Mo–Fr 7–19 Uhr, Sa, So 10–19 Uhr // ab circa 5 Jahre

TIPP: In den Sommermonaten gibt es im Schulgarten ein kleines Café, das vom Culinarium Catering betrieben wird.

67_DIE FALKENWIESE

Hier hat wirklich jeder Spaß

Ein Sportplatz für alle! Das ist die neue Falkenwiese. Wurde sie früher hauptsächlich zum Fußball- oder Leichtathletiktraining von Vereinen und Schulen genutzt, ist sie seit dem Umbau wirklich ein Anlaufpunkt für alle Generationen geworden. Egal, ob zum Kicken auf dem neuen Kunstrasen, zum Lauftraining, einer Partie Beachvolleyball oder Basketball. Für Abwechslung sorgt auch die Parcours-Fläche, bei der über Hindernisse gelaufen und gesprungen wird. Kein Wunder, dass der Platz bei Jugendlichen besonders beliebt ist.

Aber hier sporteln nicht nur die älteren Kinder und Erwachsenen, auch für die Jüngsten ist gesorgt. So wurden zwei großzügige und abwechslungsreiche Kinderspielplätze angelegt, die mit Leuchtturm und Riesenstrandkorb sehr individuell gestaltet wurden. Auch eine Kletterwand sowie eine Fläche zum Rollerfahren und Inlineskaten erfreuen besonders die kleineren Gäste. Während die also buddeln, toben, rollen und klettern, können die größeren Geschwister trainieren oder die Eltern eine Runde laufen.

Aber das Beste an der neu gestalteten Falkenwiese ist die Lage: Wenn das Training zu schweißtreibend war, kann man sich anschließend in der benachbarten Wakenitz erfrischen. Anschließend entspannt man sich auf der schattigen Falkenwiese am Wakenitzufer, die dem Sportplatz seinen Namen gab. Wenn dann noch das Klingeln des Eiswagens ertönt, der hier im Sommer jeden Nachmittag haltmacht, ist der Moment perfekt.

Adresse An der Falkenwiese, 23564 Lübeck // ÖPNV Bus 15, An der Falkenwiese

TIPP: In der Nachbarschaft liegt auch das Naturbad Falkenwiese mit Badestegen und Sprungturm.

68_DER FLUGHAFEN LÜBECK

Fast zum Anfassen nah

Eine Flugreise ist mit Kindern immer besonders aufregend. Denn schon am Flughafen sind die meisten völlig fasziniert, wenn sie aus der Abflughalle zusehen können, wie die Jets rangieren, betankt oder beladen werden und abheben oder landen. Wenn es mit der nächsten Flugreise noch zu lange dauert und die kleinen Technikfans trotzdem einmal gern dem bunten Treiben auf dem Rollfeld zusehen möchten, muss man dafür nicht bis nach Hamburg fahren. Denn auch in Lübeck-Blankensee gibt es einen Flughafen.

Hier herrscht reger Betrieb von Geschäftsmaschinen und Privatfliegern wie Segel-, Sport- oder Ultraleichtflugzeugen. Ab 2020 bringen auch wieder Chartermaschinen Urlaubsreisende an ihr Ferienziel. Nach dem Umbau des Terminals soll auch ein Restaurant mit Aussichtsterrasse eröffnen, von dem aus man die beste Sicht auf die Flugzeuge hat. Wer ganz nah ran will und einen Blick hinter die Kulissen werfen möchte, der kann sich am Flughafen zu einer familienfreundlichen Führung anmelden.

Zu besonderen Events kommen auch Traditionsflieger an den Lübecker Flughafen und bieten Rundflüge an. Ein ganz besonderes Erlebnis – nicht nur für die Kleinen! Und alle, die dann vom Flugfieber gepackt wurden, können, sobald sie 17 sind, selbst den Pilotenschein machen. Bei sieben Flugschulen und Fliegervereinen, die am Flughafen Lübeck beheimatet sind, ist das kein Problem.

Adresse Blankenseer Straße 101, 23562 Lübeck, www.flughafen-luebeck.de // ÖPNV Zug bis zum Bahnhof Lübeck-Flughafen, oder Bus 6, Haltestelle Flughafen // Öffnungszeiten Führungen auf Anfrage unter Tel. 0174/9368951 // ab circa 6 Jahre

TIPP: Weg von der Technik- hin zur Tierwelt kommt man nach nur wenigen Autominuten auf dem Ringstedtenhof (Vorrader Straße 81).

69_DER FUCHSBAU

Paradies für Mini-Tischler

Sägen, hobeln, hämmern. Das Arbeiten mit Holz macht Kindern großen Spaß. Und es schult auch die Konzentration, wenn die Aufmerksamkeit ganz auf dem Holzstück liegt, das sich mit jedem Handgriff weiter verwandelt und schließlich zu etwas Dekorativem oder Nützlichem wird. Da nicht jeder zu Hause ausreichend Platz für eine eigene Werkbank hat, gibt es seit 2019 den Fuchsbau!

In der offenen Holzwerkstatt stehen ausreichend Hobelbänke, Bohrer, Sägen, Schleifer, Fräsen und vieles mehr, was man für sein Holzprojekt braucht. Egal, ob es ein kleines Vogelhäuschen oder ein handgefertigtes Frühstücksbrettchen werden soll oder ob ein individuelles und maßgeschneidertes Möbelstück gebaut wird – im Fuchsbau kann man fast jedes Projekt realisieren. Denn Tischlergesellin Lena Albrecht unterstützt die kleinen Handwerker mit ihrem Knowhow gern bei der Umsetzung der eigenen Ideen. Sogar die professionellen Maschinen dürfen genutzt werden. Da diese aber groß und auch nicht ganz ungefährlich sind, werden sie nur von der Inhaberin bedient. Schließlich sollen die Nutzer auch mit allen Fingern nach Hause gehen, mit denen sie gekommen sind.

Wer kein eigenes Projekt im Kopf hat, kann auch an einem Kurs im Fuchsbau teilnehmen, bei dem ein Werkstück nach Vorgabe und unter Anleitung gefertigt wird. Oder man kommt mit seinen Freunden und feiert hier Kindergeburtstag. Leuchtende Augen sind garantiert, wenn alle gleichzeitig werkeln und anschließend ihr selbst gebautes Andenken nach Hause mitnehmen können.

TIPP: Im nahe gelegenen »Garten für Kinder« bietet der BUND umweltpädagogische Kurse für Gruppen an (Berliner Allee nahe Kreuzung zur Kronsforder Allee).

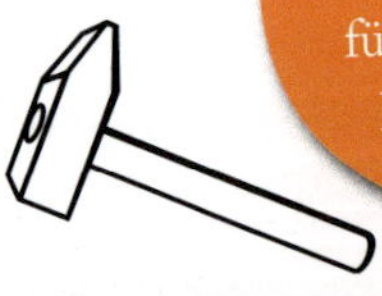

Adresse Kaninchenborn 22, 23560 Lübeck, www.fuchsbau-luebeck.de // ÖPNV Bus 15, Haltestelle Hinter den Kirschkaten Mitte, schräg gegenüber in die Henschelstraße, links in die Borsigstraße, rechts in den Kaninchenborn // Öffnungszeiten offene Holzwerkstatt Di 16–21 Uhr, Sa 11–16 Uhr, Kurse siehe Website // ab circa 5 Jahre

70_DIE JOHANNITER-JUGEND

Nachwuchs für die Ersthelfer

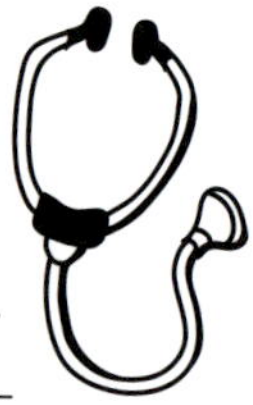

Verband anlegen, Pflaster kleben, stabile Seitenlage erlernen. Klar, das sind die Basics im Erste-Hilfe-Kurs. Und dass es nie zu früh ist, diese zu erlernen, das wissen die Sanitäter der Johanniter-Unfall-Hilfe ganz genau. Darum gibt es ehrenamtliche Helfer, die sich um die Ausbildung des Nachwuchses kümmern.

In zwei Jugendgruppen, die sich wöchentlich treffen, lernen die Kinder spielerisch, wie man sich im Ernstfall richtig verhält und Verletzten hilft. Die Gruppen werden von jungen Erwachsenen betreut, die oftmals selbst in ihrer Kindheit bei der Johanniter-Jugend waren oder über ihr Freiwilliges Soziales Jahr zu der Hilfsorganisation gekommen sind und sich weiter engagieren. Und auch die jungen Ersthelfer bleiben meist über Jahre und wachsen mit der Zeit zu einer echten Gemeinschaft zusammen. Projekte, Spiele und Ausflüge stärken diesen Zusammenhalt. Und da die Gruppen altersgemischt sind, profitieren die Jüngeren von den Älteren, während die Großen Verantwortung für die Kleinen übernehmen. Die Kinder lernen also nicht nur Erste-Hilfe-Techniken, sondern stärken auch ihr Sozialverhalten und ihr Selbstwertgefühl.

Das erste Mal in Kontakt mit dem Jugendangebot der Johanniter kommen viele Kinder über die sogenannten Blaulichtzwergen-Partys. Dann wird der Kindergeburtstag zum Erste-Hilfe-Kurs, bei dem neben dem Lernen natürlich auch der Spaß im Vordergrund steht. Die Partys werden ebenfalls von den Jugendgruppenleitern betreut und sind wie die Jugendgruppen-Angebote kostenlos.

Adresse Bei der Gasanstalt 12, 23560 Lübeck // **ÖPNV** Bus 7, 15, Haltestelle Bei der Gasanstalt // **Öffnungszeiten** Jugendgruppen Di 18–19.30 Uhr, Fr 18–19.30 Uhr, Anfragen unter nadine.dasilvadavid@johanniter.de // ab 6 Jahre

TIPP: So fit in Sachen Erste Hilfe kann man bedenkenlos den rasanten Kartspaß im tollhouse (Geniner Ufer 8–9) ausprobieren.

71_DER JUNIOR CAMPUS

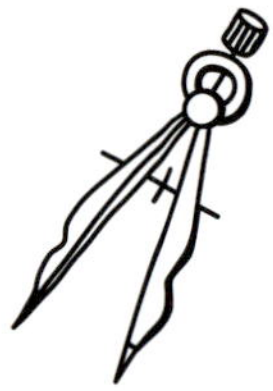

Schmiede für den Forschernachwuchs

In Lübeck gehen schon die Kleinsten zur Uni – und zwar zum Junior Campus an der Technischen Hochschule. Hier dürfen alle vom Kindergartenalter bis zur Sekundarstufe II forschen, experimentieren und sich begeistern lassen für Naturwissenschaften, Medizin und Technik. Die Mini-Wissenschaftler erfahren am eigenen Leib, welch immense Kraft durch einfache Luft erzeugt werden kann. Sie gehen dem Geheimnis auf die Spur, warum die Ostsee grün schimmert, und lernen, wie die Körperpolizei arbeitet, wenn man krank wird.

Den Grundstein für das vielfältige Forscher-Programm legten engagierte Laboringenieurinnen der Hochschule, die Experimente für Kinder entwickeln wollten, um ihnen naturwissenschaftliche Phänomene näherzubringen. Schließlich gibt es in den Laboren genügend Material, mit dem man nicht nur wie sonst üblich Oberstufenschüler fürs Experimentieren begeistern kann, sondern auch jüngere Schüler und sogar Kindergartenkinder.

Mittlerweile hat der Junior Campus sogar sein eigenes Gebäude auf dem Hochschulgelände erhalten. Hierher kommen nicht nur zahlreiche Kita- oder Schulgruppen. Der jährliche Tag der offenen Tür zieht zahlreiche Familien mit Kindern an, und auch einzeln kann man sich anmelden. Dann wird man in die Gruppe der TH-Kids oder des MINT-Clubs aufgenommen und trifft sich regelmäßig auf dem Junior Campus zum Forschen und Experimentieren.

TIPP: Nachdem der Kopf gearbeitet hat, brauchen die Kids Bewegung. Im nahe gelegenen Carlebachpark im Hochschulstadtteil lässt es sich prima toben, skaten und Fußball spielen.

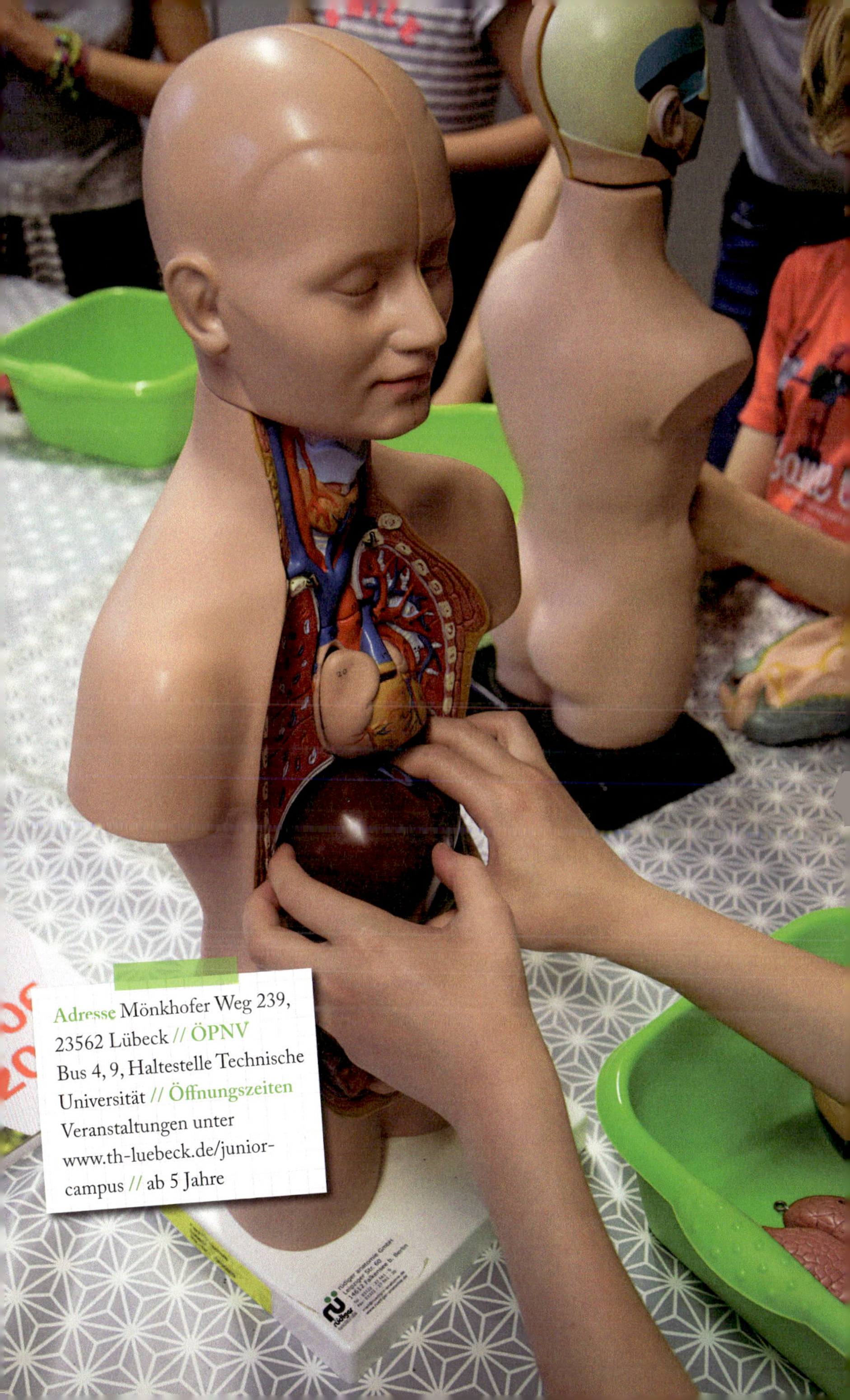

Adresse Mönkhofer Weg 239, 23562 Lübeck // ÖPNV Bus 4, 9, Haltestelle Technische Universität // Öffnungszeiten Veranstaltungen unter www.th-luebeck.de/junior-campus // ab 5 Jahre

72_DIE KUNSTSCHULE

Viel Raum für Kreativität

Malen, zeichnen, drucken, töpfern, schnitzen, bildhauern ... Die Materialien und Techniken in der bildenden Kunst sind vielfältig. Doch im heimischen Kinderzimmer beschränkt sich die kreative Gestaltungsfreiheit meist auf das Malen mit Buntstiften oder mit dem Tuschkasten. Das mag vielleicht daran liegen, dass die diversen Materialien zu Hause nicht vorhanden sind. Oder aber daran, dass die Eltern befürchten, nach einer ausgedehnten Kunstaktion das Kinderzimmer renovieren zu müssen. Darum ist es so wichtig, dass es für Kinder Räume gibt, in denen sie alle künstlerischen Formen ausprobieren können, ohne darauf achten zu müssen, dass nichts verkleckert. Schließlich muss der Künstler seine Aufmerksamkeit ganz dem Werkstück widmen können.

Einen solchen Raum bieten die Ateliers der Kunstschule der Gemeinnützigen. Die Gemeinnützige hat mit ihren verschiedenen Einrichtungen unter anderem das Ziel, die kulturelle und künstlerische Bildung in der Stadt zu fördern. Mit der Kunstschule geschieht dies in einer schönen Villa an der Ratzeburger Allee. Und die hat sich eine einfache Formel von Joseph Beuys auf die Fahnen geschrieben: »Kunst = Mensch = Kreativität = Freiheit«. Schon bei den Kleinsten sieht man: Sobald sie einen Stift in den Fingern halten können, fangen sie an, damit zu malen und die Welt kreativ zu erforschen. Künstlerisch tätig zu sein ist offenbar ein Grundbedürfnis des Menschen. Um dieses zu stillen ist die Kunstschule der Gemeinnützigen mit ihrem vielfältigen Angebot da.

TIPP: Der schöne Wochenmarkt »Am Brink« ist besonders samstags mit Kindern einen Besuch wert.

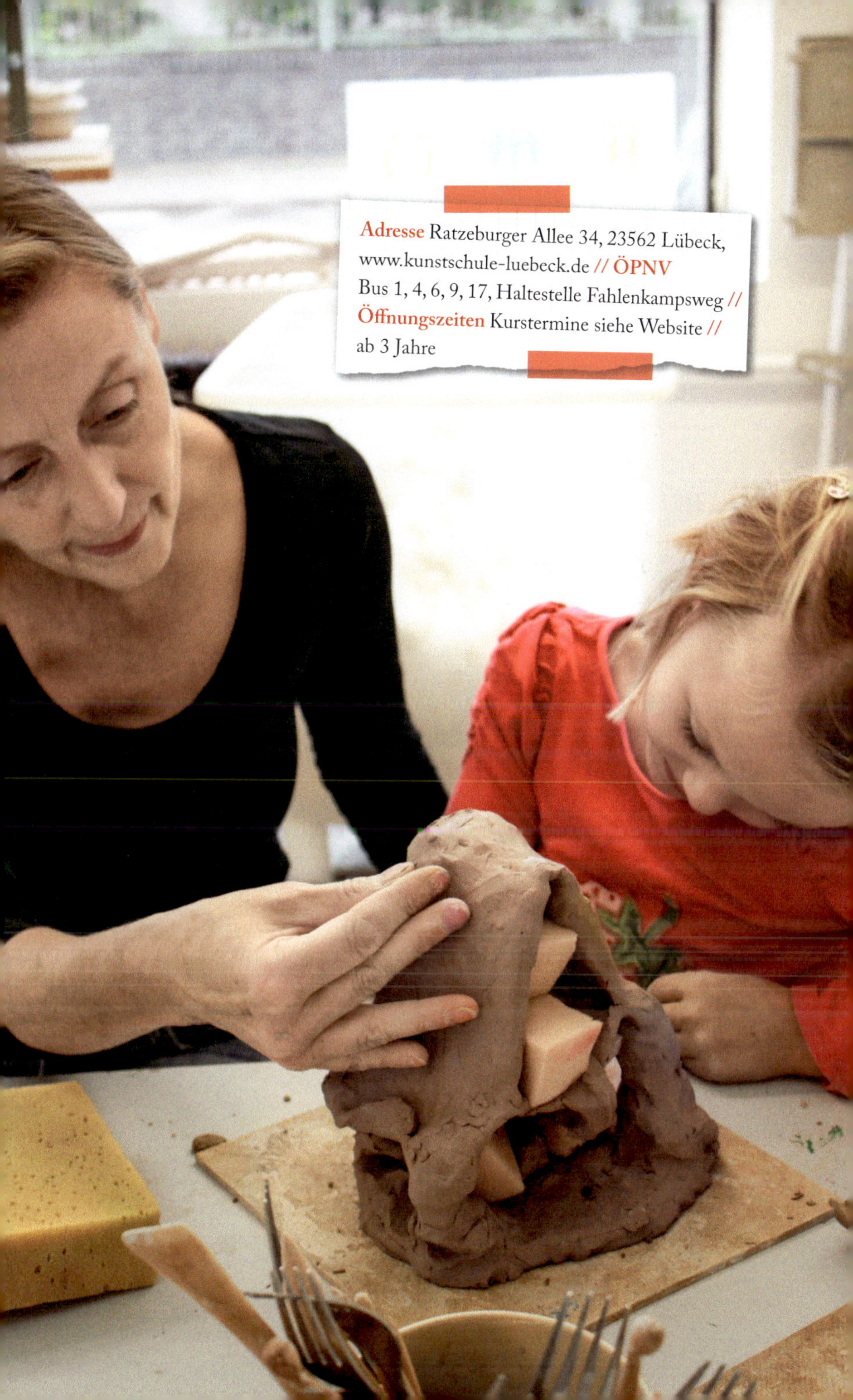

Adresse Ratzeburger Allee 34, 23562 Lübeck, www.kunstschule-luebeck.de // **ÖPNV** Bus 1, 4, 6, 9, 17, Haltestelle Fahlenkampsweg // **Öffnungszeiten** Kurstermine siehe Website // ab 3 Jahre

73_PADDELN AUF DER WAKENITZ

Natur so weit das Paddel reicht

Der Amazonas des Nordens! Dieser Beiname der Wakenitz ist mittlerweile weit über die Stadtgrenzen Lübecks hinaus bekannt geworden. Und wer einmal eine Bootstour auf der Wakenitz unternommen hat, der weiß auch, warum. Nach dem Besteigen des Kanus in Höhe der Moltkebrücke paddelt man erst einmal durch die Stadt, vorbei an schönen Villen, Gründerzeitbauten und Kleingartenanlagen. Doch das ändert sich, sobald man die kleine Insel Spieringshorst sowie die Bahn- und Fußgängerbrücken passiert hat. Danach wird es ruhig und grün entlang des Flusslaufs.

Dass man links und rechts des Wassers fast nichts außer Wäldern, Wiesen und Feldern findet, hat einen ganz bestimmten Grund: die ehemalige innerdeutsche Grenze. Diese verlief nämlich zwischen Absalonshorst und Ratzeburger See direkt am Ostufer der Wakenitz. Auf dem Grenzstreifen der DDR konnte sich die Natur 45 Jahre lang ungestört entwickeln. Der Fluss selbst gehörte zur BRD. Er war schon damals ein Paradies für Wassersportler und ist es auch nach der Grenzöffnung geblieben.

Gerade für Kinder ist das Paddeln hier ein Spaß, denn es ist kaum Strömung vorhanden, wodurch man sich mühelos in Richtung Ratzeburger See bewegen kann. Dabei kann man auch viele Tiere beobachten, die man sonst nicht so häufig zu Gesicht bekommt: Eisvögel, Wasserschlangen, Kraniche, viele Libellen und zahlreiche andere Arten sind hier zu Hause. Wenn man ganz viel Glück hat, begegnet man vielleicht sogar einem Seeadler.

Adresse Bootsverleih an der Moltkebrücke, 23564 Lübeck // ÖPNV Bus 5, Haltestelle Moltkeplatz, zu Fuß über die Moltkebrücke und links zum Bootsverleih // ab circa 5 Jahre

TIPP: Wer nur eine einfache Tour auf der Wakenitz unternehmen möchte, bucht ein Kanu unter www.kanu-center.de und fährt mit dem Linienschiff zurück.

74_DAS SURF-CENTER

Hang loose? Mitten in der Stadt!

In der Stadt aufs Surfbrett oder SUP steigen und ein Stündchen übers Wasser gleiten. Diese Lebensqualität macht Lübeck aus. Und so können auch die Kids nach der Schule zum Windsurfkurs kommen oder das Stand-up-Paddeln trainieren, ohne dass man sich immer gleich auf den Weg an die Ostsee machen muss. Und gerade für Anfänger ist die eher ruhige und zu drei Seiten begrenzte Wakenitz ideal.

Auf einer Wiese am Ufer zwischen Wasser und Falkenstraße ist der Standort der Surf- und SUP-Schule, die zum Surf-Center Lübeck gehört. Surfbretter, SUPs, Neoprenanzüge und weiteres Equipment – das alles verbirgt sich in, an und auf dem kleinen Bauwagen der Surfschule. Bei einem Kurs ist die Ausrüstung inklusive, wer auf eigene Faust lospaddeln oder -surfen will, kann sich auch einfach nur das Material ausleihen. Und dann geht es nach einer kurzen Einweisung schon los. Insbesondere beim SUP ist das möglich, da das Brett sehr breit ist und mit einem guten Gleichgewichtssinn schnell kontrolliert werden kann. Zu Beginn oder wenn es etwas windiger wird, darf man sich auch vorübergehend hinknien oder ein wenig treiben lassen.

Egal, für was man sich entscheidet, in der Surfschule an der Wakenitz ist man auf jeden Fall in erfahrenen Händen. Schließlich gehört die Schule zu den Pionieren des immer noch trendigen Wassersports und existiert schon seit rund 30 Jahren an dieser Stelle. Für Kinder gibt es hier nicht nur Surfkurse, sondern auch die Möglichkeit ihren Geburtstag zu feiern.

TIPP: Der Lübecker Yacht-Club am gegenüber liegenden Wakenitzufer bietet schon für Kinder im Grundschulalter Segelkurse in den kleinen Optis an.

Adresse Falkenstraße, 23564 Lübeck, www.surf-center.de // ÖPNV Bus 15, Haltestelle Falkendamm // Öffnungszeiten Anmeldung unter Tel. 0451/796482 // ab circa 7 Jahre

75_DIE URBAN APES

Wo die Stadtaffen hoch hinauswollen

Klettern ist für Erwachsene eine Sportart, die sie oft erst erlernen müssen. Für Kinder ist Klettern ein Riesenspaß – die Bewegungsabläufe machen sie meist automatisch und instinktiv richtig. Schließlich sind es meist nur die Eltern, die aus Sorge vor Abstürzen den vertikalen Bewegungsdrang ihrer Kinder einschränken. Dabei ist Klettern so gesund! Es trainiert alle Muskeln im Körper, schult Koordination und Beweglichkeit und fördert die Konzentration. Außerdem stärkt es das Selbstbewusstsein, weil man lernt, vermeintliche Hindernisse zu überwinden.

Wem es trotzdem zu gefährlich ist, das Kind in die höchsten Bäume klettern zu lassen, dem seien die Urban Apes empfohlen. In der Kletterhalle können die Kleinen bis zu 14 Meter in die Höhe kraxeln – natürlich gut gesichert. 900 Quadratmeter Kletterfläche gibt es in der ehemaligen Werkhalle der Gasanstalt, die mit ihrem Industriecharme für eine besondere Atmosphäre sorgt.

Zusätzlich warten 300 Quadratmeter Boulderfläche darauf, erklommen zu werden. Sie eignen sich besonders für die ersten Versuche an der Kletterwand, denn beim Bouldern klettert man stets in Absprunghöhe, während der Boden mit dicken Matten ausgelegt ist. So wird kein Sicherungsseil benötigt, und die Kids können direkt loslegen. Wer das gut meistert und dann doch lieber hoch hinauswill, kann einen Kurs belegen, in dem das eigenständige Sichern gelernt wird. Und wer auch seine Freunde für den Kletterspaß begeistern will, hat die Möglichkeit, seinen Kindergeburtstag bei den Urban Apes zu feiern.

Adresse Bei der Gasanstalt 5, 23560 Lübeck, www.urbanapes.de // **ÖPNV** Bus 7, 15, Haltestelle Bei der Gasanstalt // **Öffnungszeiten** Mo–Do 14.30–22.30 Uhr, Fr–So 10–22 Uhr // ab 6 Jahre

TIPP: Besonders akrobatisch begabte Kids sollten mal beim Training der AcroLiner hineinschnuppern, die zur Lübecker Turnerschaft (Possehlstraße 5) gehören.

76_DIE MILCH-TANKSTELLE

Zapfhahn des echten Geschmacks

Wie schmeckt eigentlich echte Frischmilch? In Zeiten von Homogenisierung, Mikrofiltration und Pasteurisierung haben die meisten Kinder noch nie frische Milch probiert. Viele Eltern übrigens auch nicht. All diese Prozesse werden durchgeführt, damit die Milch länger haltbar ist und sich keine Klümpchen absetzen. Doch das geht zu Lasten des Geschmacks. Man muss gar nicht auf dem Land wohnen, um wirklich frische Milch direkt vom Bauernhof kaufen zu können. Auch in einer Großstadt wie Lübeck gibt es Bauernhöfe, natürlich am Stadtrand, die schnell zu erreichen sind.

Einer davon ist der Hof Freyer im Ortsteil Groß Steinrade. Der verkauft einen Anteil seiner Milch direkt auf dem Hof. Und das auch noch zu unschlagbaren Öffnungszeiten: täglich von 5 bis 22 Uhr. Auch sonntags und an allen Feiertagen. Möglich macht das der Milchautomat, in den man Münzgeld einwirft, eine selbst mitgebrachte Flasche hineinstellt und die sogenannte Rohmilch zapft. Die wurde nach dem Melken lediglich gefiltert und gekühlt. Zu Hause muss man sie dann einmal aufkochen und innerhalb von zwei bis drei Tagen verbrauchen. Was für ein geschmacklicher Unterschied! Und dazu noch günstiger als im Supermarkt.

Sind die Kinder erst einmal auf den Geschmack gekommen, darf es keine andere mehr sein. Aber die regelmäßigen Fahrten nach Groß Steinrade lohnen sich nicht nur wegen der Frischmilch. Bettina Freyer ist Bauernhofpädagogin und und öffnet den Hof auf Anfrage gern für Kinder, um ihr Wissen weiterzugeben.

TIPP: In der Dorfmitte von Groß Steinrade (Drögeneck) gruppieren sich Grundschule, Kita und Dorfgemeinschaftshaus um einen schön gestalteten Spiel- und Bolzplatz.

Adresse Steinrader Hauptstraße 51, 23556 Lübeck, www.bauernhof-freyer.de // **ÖPNV** Bus 2, Haltestelle Steinrader Damm // **Öffnungszeiten** täglich 5–22 Uhr, Anfragen für Hofführungen unter Tel. 0451/492295

77_DER ALTE LEUCHTTURM

Landmarke von gestern

Kinder lieben Rekorde. Und Travemünde bietet gleich zwei davon, denn das Seebad besitzt den ältesten Leuchtturm Deutschlands. Erstmals urkundlich erwähnt wurde ein Leuchtturm an dieser Stelle schon 1330, er wurde aber 1534 zerstört. Der heutige Turm wies seit 1539 den Schiffen auf der Ostsee den Weg in den Hafen. Seit den 1970er Jahren nicht mehr – da wurde das Maritim-Hotel erbaut und verdeckte das Leuchtfeuer. Auf seinem Dach wurde als Ersatz ein neues Leuchtfeuer installiert, das ebenfalls einen Rekord innehat. Es ist mit 117 Metern das höchste in ganz Europa.

Doch zurück zum 31 Meter hohen Senior-Leuchtturm: Der bietet nicht nur für Fans von Rekorden etwas, sondern für allem für Fans maritimer Technik. Er wurde nämlich zum Museum umfunktioniert. Auf jeder seiner acht Etagen erfährt man viel über die Historie der Leuchtfeuer. Es sind außerdem Modelle von Feuerschiffen ausgestellt sowie verschiedene Seelaternen und alte Lichtanlagen von anderen Leuchttürmen. In der obersten Etage kann man sogar noch die Anlage des Travemünder Leuchtturms sehen, die immer noch funktionsfähig ist.

Das Highlight ist aber die Aussicht, die man von der umlaufenden Galerie an der Spitze des Turms hat. 142 Stufen muss man dafür erklimmen und wird bei gutem Wetter mit einem herrlichen Rundumblick über die gesamte Lübecker Bucht belohnt.

Adresse Am Leuchtenfeld 1, 23570 Lübeck, www.leuchtturm-travemuende.de // **ÖPNV** Bus 30, 31, 33, 35, Haltestelle Trelleborgallee // **Öffnungszeiten** April–Juni Di, Do, Sa, So, Feiertage 13–16 Uhr, Juli, Aug. täglich 11–16 Uhr, 24.12.–01.01. täglich 13–16 Uhr

TIPP: Das Schwimmbad im benachbarten a-ja Resort ist auch für Nicht-Hotelgäste nutzbar. Nicht ganz günstig, aber dafür auch nicht so voll.

78_DIE BADEINSEL

Freizeitplattform mit Arbeitervergangenheit

Eigentlich ist sie nichts anderes als ein Ponton, auf dem eine Rutsche montiert ist. Aber für die Travemünder Bewohner und Stammgäste gehört die schwimmende Plattform einfach zum Inventar. Schließlich beglückt die Badeinsel, die bereits über 80 Jahre alt ist, seit vielen Jahren die Schwimmer.

Wer etwas geübter ist und das Freischwimmer-Abzeichen abgelegt hat, der kann problemlos auf die Plattform schwimmen, die einige Meter vom Strand entfernt vor Anker liegt. Gerade für Kinder ist die Badeinsel eine besondere Herausforderung: Erst einmal müssen sie es schaffen, mit Mama oder Papa bis hierher zu schwimmen. Ist das gelungen, kann man die Wasserrutsche nutzen – ein Spaß, den alle anderen am Travemünder Strand nicht haben. Und man kann es ganz cool den Jugendlichen gleichtun, die hier chillen und ihre Mitmenschen mit Sprüngen vom Inselrand beeindrucken wollen.

Keine Frage, die Badeinsel hat ihre Fangemeinde. Für die ist die Badesaison genau dann eröffnet und beendet, wenn der Ponton aus seinem Winterquartier vor den Strand geschleppt wird und umgekehrt. Im Winter sind nämlich regelmäßige Schönheitskuren notwendig, damit die Insel den Badenden noch viele Jahre Freude bereiten kann. Ursprünglich war sie übrigens als Reparatur-Ponton auf einer Werft in Dienst gestellt worden. Ihre touristische Umnutzung kam dann einige Jahre später. Welch ein Glück! Ohne die altehrwürdige Badeinsel würde Travemünde etwas fehlen.

Adresse Kurstrand, 23570 Travemünde (etwa in Höhe der Seebrücke beim Casino) // **ÖPNV** Zug oder Bus 30, 31, 33, 35, 40, Bahnhof beziehungsweise Haltestelle Strandbahnhof, zu Fuß über Bertlingstraße zum Strand // ab circa 10 Jahre

TIPP: Diejenigen, die noch zu klein fürs Schwimmen sind, erfreuen sich an den Wasserspielen auf der Promenade beim Casino.

79_DAS BRODTENER STEILUFER

Naturgewalt hautnah

Das Brodtener Steilufer ist immer wieder einen Besuch wert, da man von hier oben eine wunderschöne Aussicht über die Lübecker Bucht hat. Außerdem kann man es immer wieder neu entdecken, da es sich in stetigem Wandel befindet. Denn die Küstenlinie ist in Bewegung. Wasser und Wind nagen an der steilen Klippe und brechen immer wieder Stücke daraus ab. Besonders eindrucksvoll sieht das aus, wenn es mal wieder einen Baum erwischt hat, dessen Wurzeln das Erdreich nicht mehr zusammenhalten konnten. So kommt es, dass der Weg oberhalb der Steilküste immer wieder weiter ins Landesinnere verlegt werden muss, weil bis zu einem Meter Land pro Jahr verschwindet. Das abgebrochene Material wird mit der Meeresströmung abtransportiert und lagert sich später an den Stränden von Travemünde ab, wodurch diese so schön breit geworden sind.

Doch weg vom Sachkundewissen hin zum Familienausflug ans Steilufer. Der könnte mit kleineren Kindern durchaus zur Nervensache werden, wenn diese womöglich noch mit Laufrädern unter den Hintern vorwegpreschen. Der Wander- und Radweg verläuft nämlich teilweise recht dicht an der Abbruchkante entlang, die über weite Strecken nicht durch Absperrungen gesichert ist. Dann besser gute Schuhe anziehen und untenrum am Strand spazieren. Von hier aus kann man die Felsabbrüche ohnehin viel eindrucksvoller sehen und über die abgestürzten Bäume klettern.

TIPP: Beim Erlebniscafé Hermannshöhe gibt es nicht nur einen schönen Spielplatz draußen, sondern auch einen tollen Spielraum drinnen, falls das Wetter einmal umschlägt.

Adresse Brodtener Straße, 23570 Lübeck // **ÖPNV** Bus 35, Haltestelle Hagelsteinstraße, von hier Wanderung am Strand unterhalb des Steilufers möglich // **Anfahrt** B 75 Richtung Travemünde, Beschilderung zum Ortsteil Brodten folgen, beim Erlebniscafé Hermannshöhe parken und oberhalb des Steilufers spazieren gehen

80_KESCHERN IM HAFENBECKEN

Wer macht den großen Fang?

Krabben, Garnelen, Seenadeln, Quallen und sogar kleine Plattfische. Kaum zu glauben, was man alles mit dem Kescher aus dem Hafenbecken auf dem Priwall ziehen kann. Wenn man weiß, wie. Denn auf den ersten Blick sieht man nur dunkles Wasser. Doch je länger man den Blick verweilen lässt, desto mehr Getier kann man entdecken. Wenn das Netz trotz vieler geduldiger Versuche dennoch leer bleibt, kann eine Kescher-Exkursion der Ostseestation weiterhelfen.

Meeresbiologe Thorsten Walter weiß genau, wie und wo man die unterschiedlichen Hafenbewohner beobachten oder fangen kann. Schließlich haben er und sein Team rund 60 Prozent der Tiere, die in den Aquarien der Ostseestation leben, hier aus dem Passathafen gefischt. Kinder ab der dritten Klasse mit Seepferdchen-Abzeichen können sich fürs Keschern bei der Ostseestation anmelden. Und mit etwas Hilfe stellt sich der Erfolg schnell ein. Damit auch die unterhaltsamen Strandkrabben gefangen werden können, lässt Thorsten Walter ein größeres Fangnetz auf den Grund des an dieser Stelle circa 3,5 Meter tiefen Hafenbeckens. Damit der Fang besser beobachtet und vom Meeresbiologen erläutert werden kann, werden die Tiere in großen, mit Wasser gefüllten Kisten zwischengehältert.

Wer dann gern noch mehr über die Bewohner der Ostsee erfahren möchte, der sollte sich zusätzlich einem Mikroskopier-Kurs oder einer Führung in der Ostseestation anschließen. Dabei darf man auch mal einen Seestern auf die Hand nehmen, eine gefräßige Krabbe füttern und vor allem ganz viele Fragen stellen.

TIPP: Was die Travemünder Fischer so in ihren Netzen fangen, kann man immer morgens im Fischereihafen beobachten, wenn die Boote einfahren (Auf dem Baggersand).

Adresse Priwallpromenade 29–31, 23570 Lübeck, www.ostseestation-travemuende.de // **ÖPNV** Bus 30, 31, 33, 35, 38, Haltestelle Travemünde/ Priwallfähre, mit der Fähre übersetzen und zu Fuß entweder links dem Uferweg folgen oder geradeaus an der Mecklenburger Landstraße und links auf Am Priwallhafen bis zur Priwallpromenade gehen // **Öffnungszeiten** Kescher-Termine siehe Website // ab 8 Jahre

81_DIE NATURWERKSTATT

Rettet das Vogelparadies in der Traveförde

Während der Priwall an der »Waterfront« durch viele neue Ferienwohnungen immer touristischer wird, gibt es dahinter noch eine unberührte Seite. Gerade mit Kindern lohnt es sich, diesen Teil der Halbinsel zu erkunden, da man hier Ruhe und Natur genießen kann. Dafür bietet sich ein Spaziergang durch das Naturschutzgebiet »südlicher Priwall« an, wo man grasende Pferde, Kühe und Schafe sieht. Was man auf den ersten Blick nicht ahnt: Der südliche Priwall ist eines der ältesten Seevogelschutzgebiete Deutschlands. Doch leider hat die Zahl der hier rastenden, brütenden und überwinternden Vögel seit den 1970er Jahren stark abgenommen. Doch die Verantwortlichen in der Naturwerkstatt auf dem Priwall wollen das ändern.

Hier können sich Vereine, Schulen und Ehrenamtliche ökologisch engagieren und dazu beitragen, dass mit verschiedenen Maßnahmen die Artenvielfalt im Gebiet wieder zunimmt. Doch vor dem Engagement steht erst einmal das Wissen um den Naturraum. Daher werden viele Führungen – einige davon speziell für Kinder – in das Schutzgebiet unternommen. Dabei wird anschaulich erklärt, was den Naturraum auf dem Priwall und im Flachwasserbereich der Pötenitzer Wiek ausmacht. Gerade dieses haffartige Gewässer und seine dicht mit Schilf bewachsenen Uferzonen sind ein wichtiger Lebensraum für Wasservögel. Darum wurde auch eine Brutinsel für Seeschwalben in der Wiek aufgeschüttet, die mittlerweile von den Tieren sehr gut angenommen wird.

Adresse Fliegerweg 5–7, 23570 Travemünde // ÖPNV Bus 30, 31, 33, 35, 38, Haltestelle Travemünde/Priwallfähre, mit der Fähre übersetzen und zu Fuß geradeaus auf der Mecklenburger Landstraße und rechts auf Fliegerweg abbiegen // Öffnungszeiten Veranstaltungen und Termine unter www.dummersdorfer-ufer.de // ab circa 5 Jahre

TIPP: Ab Sommer 2020 wird die Naturwerkstatt durch das Naturerlebniszentrum Küstenwelten ergänzt, das die örtliche Flora und Fauna eindrucksvoll präsentiert.

82_DIE PASSAT

Auf den Spuren eines Schiffsjungen

Sie ist das Wahrzeichen von Travemünde und liegt hier seit 1959 majestätisch am Priwallhafen: die Viermastbark Passat. 1911 in Dienst gestellt, transportierte sie schwere Fracht über die Weltmeere und gehörte zu den »Flying P-Linern« – einer Flotte besonders schneller Transportsegler, die jeder Wetterlage trotzten. Heute können sich weder Erwachsene noch Kinder vorstellen, was es bedeutete, auf einem solchen Schiff anzuheuern und monatelang darauf unterwegs zu sein.

Genau diese Geschichte erzählt die Ausstellung an Bord und unter Deck des Schiffs. Gerade mal 15 Jahre alt ist Herbert Scheuffler, als er 1932 Schiffsjunge auf der Passat wird. Seinen Tagebucheinträgen kann man bei der Besichtigung folgen und dabei authentische Einblicke in das Leben und Arbeiten auf See bekommen. Das ist manchmal unterhaltsam, regt aber an den meisten Stellen zum Nachdenken an – darüber, wie hart und entbehrungsreich das Leben auf See war, vor allem weil bereits Kinder im Alter von 15 Jahren sich auf dieses raue und unbequeme Leben einlassen mussten.

Aber auch unabhängig von der Ausstellung ist der Besuch der Passat ein Erlebnis für Kinder. Die Dimensionen unter Deck, Räumlichkeiten wie Kombüse und Schlafräume, außerdem Takelage und Steuerrad – all das ist schon sehr beeindruckend. Wem das nicht reicht, der kann sogar auf der Passat übernachten: in gemütlichen Kajüten mit ein bis vier Kojen.

Adresse Priwallpromenade 3a, 23570 Travemünde, passathafen.luebeck.de // ÖPNV Bus 30, 31, 33, 35, Haltestelle Trelleborgallee, zu Fuß auf Am Leuchtenfeld, rechts zur Personenfähre an der Nordermole und auf den Priwall übersetzen // Öffnungszeiten nur im Sommerhalbjahr, genaue Zeiten siehe Website // ab circa 5 Jahre

TIPP: Direkt in der Nachbarschaft hat Fernsehkoch Steffen Henssler sein Restaurant »Ahoi« eröffnet. Hier können die Kids Burger, Fischstäbchen und Fritten mal in hochwertiger Version essen.

83_DIE SCHIFFS-INFOTAFEL

Keine Fähre mehr verpassen

Es ist schon immer ein ganz besonderes Erlebnis, wenn die riesigen Fährschiffe zwischen Nordermole und Priwall in den Hafen von Travemünde einfahren. Mit ihrem wummernden Motorengeräusch schieben sie sich gemächlich an der Passat und den Touristen in der Vorderreihe vorbei, um später am Skandinavienkai anzulegen und ihre rollende Ladung loszuwerden.

Kleinen Seefahrtfans fällt sofort die Schaufel aus der Hand, wenn das tiefe Hupen eines Schiffshorns erklingt – dann stürmen sie Richtung Nordermole. Erfahrenere Schiffsfreaks bemerken schon, dass sich was tut, wenn das orangefarbene Lotsenboot aufs Meer hinausfährt. Denn manche Fähren sind so groß, dass die Kapitäne von einem Lotsen unterstützt werden, um die Pötte heile die Trave hinaufzumanövrieren. Die Experten, die gar kein Schiff verpassen wollen, sichten erst einmal die elektronische Infotafel, die vor der Lotsenstation und der Verkehrsleitzentrale des Wasser- und Schifffahrtsamts steht. Hier werden alle anstehenden Abfahrten und Ankünfte angezeigt, denn von der Verkehrsleitzentrale aus wird der Seeverkehr von der deutsch-dänischen Grenze bis zum Leuchtturm Buk bei Kühlungsborn überwacht. So gut vorbereitet entgeht einem keine Fähre mehr, und man steht immer rechtzeitig am idealen Fotospot. Und sollte die Infotafel einmal ausfallen, gibt es auch noch die Website der Lübecker Hafen-Gesellschaft, die ebenfalls die ein- und ausfahrenden Schiffe der nächsten Stunden anzeigt.

TIPP: Die Wartezeit auf das nächste Schiff verfliegt im Nu, wenn man sie sich auf dem tollen Piratenspielplatz am Strand vertreibt.

Adresse Am Leuchtenfeld 12, 23570 Lübeck // **ÖPNV** Bus 30, 31, 33, 35, Haltestelle Trelleborgallee, zu Fuß über Am Leuchtenfeld bis zur Strandpromenade an der Lotsenstation

84_DAS EULENSPIEGEL-MUSEUM

Ein wahrhaft weiser Narr

Früher kannte jedes Kind Till Eulenspiegel und die lustigen Geschichten, die man sich über den Spaßvogel erzählte, der den Menschen so manchen Streich gespielt hat. Sogar Erich Kästner hat in einem Kinderbuch zwölf der 96 Geschichten, die aus dem Leben des Till Eulenspiegel niedergeschrieben wurden, nacherzählt. Und auch wenn mittlerweile andere Helden in die Kinderzimmer eingezogen sind, lohnt es sich, ein altes Eulenspiegel-Buch herauszukramen oder aus der Bücherei zu leihen. Denn auch wenn er meist mit Narrenkappe dargestellt wird, war er kein Narr, sondern ein kluger Mensch, der anderen durch seine Streiche den Spiegel vorhielt.

Aus diesem Grund ist die Stadt Mölln stolz auf ihren sich selbst verliehenen Beinamen »Eulenspiegel-Stadt«. Hier soll Till der Legende nach gestorben sein. Ganz in der Nähe der Linde, unter der er stehend (!) beerdigt sein soll, wurde daher ein Museum zu seinen Ehren eingerichtet. Dort kann man erfahren, wie sich die Figur in der Literatur entwickelt hat und weit über Deutschland hinaus bekannt wurde. Und man lernt natürlich viele Streiche von Till kennen.

Gerade die Kinder dürften dabei mit Eulenspiegel mitfühlen, wenn der sich seinerzeit wunderte, warum alle Menschen so wütend auf ihn waren. Schließlich tat er meist nur genau das wortwörtlich, was man ihm aufgetragen hatte, und das war dann irgendwie nicht richtig.

TIPP: Wenn man in die Rinde der über 200 Jahre alten Eulenspiegel-Linde ein Geldstück steckt und dreimal gegen den Uhrzeigersinn um sie herumläuft, dann soll einem nie das Geld ausgehen.

Adresse Am Markt 2, 23879 Mölln, www.moellner-museum.de // **Anfahrt** B 207 über Ratzeburg in Richtung Mölln, Ausfahrt Mölln-Nord, auf Ratzeburger Straße Richtung Mölln fahren, rechts auf Hauptstraße, links auf Mühlengang und auf Mühlenplatz parken, zu Fuß zurück zur Hauptstraße und weiter auf Am Markt gehen // **Öffnungszeiten** Mai – Okt. Mo – Fr 10 – 13 und 14 – 17 Uhr, Sa, So 11 – 17 Uhr, Nov. – April Mo – Fr 14 – 16 Uhr, Sa, So 11 – 13 und 14 – 16 Uhr // ab circa 5 Jahre

85_DER WILDPARK AM UHLENKOLK

Es muss nicht immer Hagenbecks sein

Warum im Großstadtzoo exotische Tiere aus fernen Ländern anschauen, wenn man im beschaulichen Wildpark einheimische Arten beobachten kann, die man sonst nur selten zu Gesicht bekommt? Der Uhlenkolk in Mölln ist so ein Kleinod. Naturnah gestaltet in großzügigen Gehegen, kann man hier im Wildpark auf 22 Hektar Fläche rund 30 heimische Tierarten sehen. Von Damhirschen und Rehen über Uhus und Kolkraben bis hin zu Wildschweinen und Waschbären, wobei Letztere eigentlich aus Amerika stammen und erst seit dem 20. Jahrhundert bei uns heimisch sind.

Da der weitläufige Tierpark im Naturerlebnisraum Waldlandschaft Möllner-Seen liegt und sein direktes Umfeld unter Naturschutz steht, leben hier auch viele wilde Tierchen, die man beim Spaziergang durch den Park entdecken kann. Dazu gehören beispielsweise Eichhörnchen, Moorfrösche, Grünfinken oder Waldameisen. Die absoluten Stars für Kinder sind aber natürlich die Ziegen, zu denen man ins Streichelgehege darf und die ihre Schnauzen neugierig in Hosentaschen oder gegen Handflächen stupsen, immer auf der Suche nach Futter. Zum richtigen Toben gibt es auch noch zwei Spielplätze auf dem Gelände und für die Wissbegierigen das Naturzentrum Uhlenkolk.

Warum es sich außerdem lohnt, den Wildpark immer wieder zu besuchen? Er hat 365 Tage im Jahr durchgehend geöffnet – bei freiem Eintritt. Lediglich Hunde müssen draußen bleiben.

TIPP: Das Schwimmbad Möllner Welle (Am Kurgarten 8) ist voll auf Familien eingestellt. Zusätzlich zum großen Sportbecken gibt es ein Nichtschwimmer- und zwei Planschbecken.

Adresse Waldhallenweg 11, 23879 Mölln // **Anfahrt** B 207 über Ratzeburg in Richtung Mölln, Ausfahrt Mölln-Nord, auf Ratzeburger Straße Richtung Mölln fahren, rechts auf Hauptstraße, links auf Wasserkrüger Weg, leicht links halten auf Gudower Weg, links auf Hindenburgstraße, links auf Waldhallenweg und dem Straßenverlauf folgen // **Öffnungszeiten** jederzeit frei zugänglich

86_DIE ERLEBNIS-STERNWARTE

Dem Himmel ganz nah

Kuppel, Teleskop, Sternenhimmel. So die Erwartungshaltung, wenn das Stichwort Sternwarte fällt. Die Erlebnis-Sternwarte sieht aber ganz anders aus. Klar gibt es hier Teleskope, aber die klassische halbkugelförmige Kuppel auf dem Hausdach fehlt. Stattdessen ist es ein sechs Quadratmeter großer Schutzbau aus Holz mit einem Fundament aus Stahlbeton, der am Rand eines Feldes außerhalb von Neustadt steht. Auf Knopfdruck schiebt sich das Dach zur Seite und gibt den Blick auf das Hightech-Teleskop von Peter Weinreich frei. Da es das Gerät preislich locker mit einem Kleinwagen aufnehmen kann, blickt hier jedoch kein Besucher hindurch.

Zur Beobachtung von Sonne, Mond und Sternen hält der Diplom-Physiker und Astronom eine Reihe von Gästeteleskopen bereit, die bei klarem Himmel zum Einsatz kommen. Das allerdings nur, wenn man einen Termin zur Himmelsbeobachtung bucht. Der Großteil der Veranstaltungen findet ohne Teleskope statt – und ist für den Laien dennoch meist viel interessanter. Rund um ein bestimmtes Thema zeigt Peter Weinreich Fotoaufnahmen, die er mit seinem professionellen Teleskop aufgenommen hat.

Bei den Kinderveranstaltungen geht es inhaltlich meist um die Basics: die Entfernung der Erde zur Sonne und zu den anderen Planeten, die Erdanziehungskraft oder auch den Aufbau und die Funktion einer Sternwarte. Und das alles sehr anschaulich und unterhaltsam – ganz angepasst an das Alter und Vorwissen der jungen Gäste. Schließlich trägt die Sternwarte den Untertitel »Sterne für alle!«.

TIPP: Ganz auf Kinder eingestellt ist man im Neustädter ZeiTTor (Haakengraben 2–6). Die heimatkundliche Mitmachausstellung thematisiert die Entwicklung der Region seit der Steinzeit.

Adresse Ruhleben 2, 23730 Neustadt i.H., www.sterne-fuer-alle.de // **Anfahrt** A 1, Ausfahrt Neustadt i.H.-Pelzerhaken, auf B 501 Richtung Grömitz, Ausfahrt Richtung Rettin/Pelzerhaken, links auf Ostring, im Kreisverkehr zweite Ausfahrt auf Rettiner Weg nehmen, links auf Schackenkamp, rechts auf Ruhleben // **Öffnungszeiten** Veranstaltungen siehe Website // ab circa 6 Jahre

87_DIE SURFCITY

Der Surfspot für Anfänger

Wind- und Kitesurfer finden in der Lübecker Bucht ideale Surfspots. Am weitaus beliebtesten bei den Wasserbrettsportlern ist die »Surfcity Pelzerhaken«. Kein Wunder bei 600 Metern dünenumsäumtem Strand, der durch vorgelagerte Sandbänke und einen großen Flachwasserbereich ideale Bedingungen für Surfanfänger bietet. Mehrere Surfschulen befinden sich direkt in Strandnähe und bringen kleinen wie großen Surfern die richtige Technik auf dem Wasser bei.

Und gerade für Familien ist der Surfspot ideal, denn die Surfschulen sind besonders gut auf die kleinen Surfer eingestellt. Kleinere und leichte Segel, kippstabile Boards und gute Kälteschutzkleidung, das alles kann man ausleihen, wenn man erst einmal in den Surfsport hineinschnuppern will. Dabei sind die Kindergruppen in die Zwerge ab sechs Jahre und die Kids ab neun Jahre unterteilt. Ab zwölf kann man bei den Erwachsenen mitsurfen oder sogar schon eine Einzelstunde im Kitesurfen buchen.

Wenn dann die ersten Stehversuche erfolgreich waren und die Kraft des Windes den Surfer locker übers Wasser trägt, ist die Liebe zum Sport meist schon besiegelt. Dann kann man sich glücklich schätzen, so gute Bedingungen ganz in der Nähe am Ostseestrand vorzufinden. Denn auch bei Fortgeschrittenen und Profis bleibt die Surfcity Pelzerhaken das favorisierte Heimatrevier.

Adresse Auf der Pelzerwiese 24, 23730 Neustadt i.H.-Pelzerhaken, www.sailandsurfpelzerhaken.de // Anfahrt A 1, Ausfahrt Neustadt i.H.-Pelzerhaken, auf B 501 Richtung Grömitz, Ausfahrt Richtung Rettin/Pelzerhaken, links auf Ostring, im Kreisverkehr zweite Ausfahrt auf Rettiner Weg nehmen, rechts auf Mastkobener Weg, links auf Auf der Pelzerwiese abbiegen // Öffnungszeiten Kurse siehe Website // ab 6 Jahre

TIPP: Das Umwelthaus des BUND in Neustadt (Am Strande 9) bietet verschiedene umweltpädagogische Angebote wie zum Beispiel meeresbiologisches Schnorcheln an.

88_SWINGOLF

Wer schafft den Birdie?

Auf der Suche nach einer schönen Freiluft-Aktivität im Grünen käme wohl kaum jemand auf die Idee, mit seinen Kindern auf den Golfplatz zu fahren. Denn die Kleinen haben äußerst selten die benötigte Platzreife, kein passendes Schlägerset zu Hause, und überhaupt sind sie ja noch nicht mal Clubmitglieder. Golfen ist schließlich ein elitärer Sport, und auf die gepflegten Plätze kommt nicht jeder!

Doch wer trotzdem den Schläger »swingen« möchte, ganz ohne Rolex und Caddy, für den ist SwinGolf das Richtige. In Pelzerhaken darf jeder auf den Platz, selbst wenn er noch nie einen Golfschläger in der Hand hatte. An der Anmeldung gibt es die Schläger und Bälle auszuleihen – anders als beim traditionellen Golf reicht hier ein Schläger für die ganze Runde. Statt eine Prüfung der Platzreife abzulegen, erhält man eine Einweisung und trainiert vorher einfach ein wenig am Netz. Und dann kann es auch schon losgehen – gern mit der ganzen Familie.

18 Löcher gilt es zu treffen, natürlich mit möglichst wenigen Schlägen. Die Kleinen können dabei anfangs noch ein wenig Unterstützung benötigen, aber das tut dem Spaß keinen Abbruch. Nachdem alle nacheinander das erste Mal abgeschlagen haben, ist immer der Spieler dran, der gerade am weitesten vom Loch entfernt ist. Das hat den Vorteil, dass die Gruppe schön beisammenbleibt. Auf diese Weise ist SwinGolf wesentlich kommunikativer als das richtige Golf. Und gleichzeitig auch viel spaßiger!

Adresse Pelzerhakener Straße 65, 23730 Neustadt i.H., www.swingolf-ostsee.de // **Anfahrt** A 1, Ausfahrt Neustadt i.H.-Pelzerhaken, auf B 501 Richtung Grömitz, Ausfahrt Richtung Rettin/Pelzerhaken, links auf Ostring, im Kreisverkehr erste Ausfahrt auf Rettiner Weg nehmen, links auf Sandberger Weg, dem Straßenverlauf folgen und weiter auf Pelzerhakener Straße // **Öffnungszeiten** April–Okt. täglich 8–19 Uhr, Juli, Aug. bis 21 Uhr // ab circa 6 Jahre

TIPP: Der Campingplatz Südstrand ist ideal für einen Wochenendaufenthalt: wunderschöner Strand, toller Spielplatz und gutes Bistro. Wer nicht gern zeltet, findet hier auch vier Ferienwohnungen.

89_DIE DLRG-BADESTELLE

Unbeschwertes Badevergnügen

Das Schönste in der Lübecker Bucht ist das Wasser, das nirgends weit weg ist. Denn außer der Ostsee laden zahlreiche Seen in Ostholstein oder im Lauenburgischen zum Baden ein. Auch am Ratzeburger See gibt es viele Badestellen. Wer es gern ruhig mag und gut schwimmen kann, wird eher an einem der unbewachten Strände glücklich. Mit kleineren Kindern sollte man aber auf Nummer sicher gehen und eine Badeanstalt aufsuchen, in der es eine Badeaufsicht gibt.

Wie zum Beispiel die DLRG-Badestelle in Pogeez. Auf der großen Liegewiese können die Eltern entspannen, während die Kinder Klettergerüst, Sandkasten, Tischtennisplatte oder Ballspielecke entern. Genau das ist es, was das Baden hier so entspannt macht: Die Kleinen haben auch außerhalb des Wassers genug Beschäftigung. Und wenn sie dann doch mal ins Wasser wollen, hat man sie gut im Blick und kann sich auch auf die ehrenamtlichen Rettungskräfte verlassen. Ein kleiner Imbiss und sanitäre Anlagen komplettieren den Rundumservice.

Noch eine Portion Entspannung bekommen die Gäste bei der An- und Abreise obendrauf. Denn hier ist man weit entfernt von den Blechlawinen, die im Sommer die Autobahn Richtung Ostsee und die Seebäder verstopfen. Von Lübeck aus kann man sogar mit dem Bus fahren, der rund 30 Minuten vom ZOB unterwegs ist, oder eine etwa einstündige Radtour entlang der Alten Salzstraße unternehmen.

TIPP: Im benachbarten Groß Sarau liegt der Obsthof Nodop (Schwarzen Lande 1), der in seinem Hofladen leckerste Äpfel, Birnen und Steinobst aus Bioanbau verkauft.

Adresse Seeweg 3a, 23911 Pogeez // **ÖPNV** Bus 8710, ab Lübeck-ZOB bis Haltestelle Pogeez/Hauptstraße // **Anfahrt** über Ratzeburger Straße, durch Groß Grönau und Groß Sarau weiter bis Pogeez, links auf Seeweg // **Öffnungszeiten** Mai–Okt. 10–19 Uhr (bei schönem Wetter)

90_DER HOF PONYGLÜCK

Große Freude für kleine Reiter

Ein eigenes Pony! Ein Traum, der sich nur für wenige pferdebegeisterte Kinder erfüllt. Ein Glück, wenn man stattdessen zum Ponyhof gehen kann. Auf dem Hof Ponyglück ist dies schon für die Kleinsten möglich, denn hier steht nicht das Reiten an erster Stelle, sondern der Kontakt zu den Ponys. Die Kinder dürfen putzen, kuscheln, führen und ganz viel über Pferde lernen.

Aber natürlich wird auch geritten. Auf sieben Ponys gibt Besitzerin und Reitlehrerin Melanie Härtel Reitunterricht. So groß ist dann auch maximal die Unterrichtsgruppe. Je nach Vorkenntnissen und Entwicklungsstand der Kinder können es auch kleinere Gruppen sein. Auch Einzelstunden sind buchbar und im Vergleich zu den Preisen auf größeren Reithöfen gut bezahlbar.

Warum der Hof Ponyglück heißt, wird klar, wenn man das erste Mal die Anlage betritt. Der Name steht nicht nur für das Glück der Kinder, wenn sie Kontakt zu den Tieren aufnehmen. Er bezeichnet vielmehr das Glück der Ponys, dass sie hier in ihrem Offenstall leben dürfen und den ganzen Tag viel Auslauf und frischen Wind um die Nase haben. Dass die bunt gemischte Truppe vom Herdenchef Willi bis zum süßen kleinen Felix davon profitiert, wird spätestens beim Reitunterricht klar. Die Tiere sind ausgeglichen und zugleich sehr einfühlsam, was die Bedürfnisse der jungen Reiter betrifft. Daher können auch Kinder mit körperlichen Einschränkungen oder geistiger Behinderung auf ihnen reiten.

TIPP: Jedes Jahr im Advent verwandelt sich das Gut Pronstorf (Gutshof 1) zu einem Weihnachtswunderland. Dann gibt es besonders für Kinder viel zu entdecken.

Adresse Pronstorfer Straße 8, 23820 Pronstorf OT Goldenbek, www.hof-ponyglueck.de // **Anfahrt** A 20, Ausfahrt Geschendorf, Richtung Pronstorf/Goldenbek auf Pronstorfer Straße fahren, Hof am Ortseingang rechts // **Öffnungszeiten** Termine nach Absprache unter Tel. 04553/995919 oder hallo@hof-ponyglueck.de // ab circa 3 Jahre

91_DER HEMMELSDORFER SEE

Radeln und baden

Ein Ausflug in die Natur tut Groß und Klein immer gut. Eine Radtour um den Hemmelsdorfer See bietet eine abwechslungsreiche Mischung aus Wasser, Feldern und Wäldern. Zwischendurch auch noch ein paar niedliche Dörfer und natürlich die Badestelle in Offendorf. An der kann man mit der Tour starten und zunächst direkt am Seeufer entlang in Richtung Kreuzkamp fahren. Dort nimmt man gleich die erste Straße nach links Richtung Grammersdorf, wo es ebenfalls eine kleine Badestelle gibt, und weiter geht es nach Wilmsdorf. Hier kann man sich im Café Seepavillon erfrischen. Über Warnsdorf fährt man weiter nach Häven und zweigt dort nach links auf den Feldweg ab.

Dieser führt zum Vogelpark Niendorf, von dem aus man nach links zum Hermann-Löns-Blick abbiegt. Dieser hölzerne Turm bietet besonders bei gutem Wetter eine grandiose Aussicht – nicht nur über den Hemmelsdorfer See, sondern über die ganze Landschaft. Sogar die Kirchtürme Lübecks sind bei klarer Sicht erkennbar. Der See, auf dessen Grund sich mit 39 Metern unter Normalnull der tiefste Punkt Deutschlands befindet, ist übrigens so lang gezogen, weil er einst eine Förde war, die mittlerweile verlandet ist.

Nach der schönen Aussicht geht es weiter auf dem Rad über Hemmelsdorf. Dort kann man einen Stopp an der Vogelplattform auf dem See einlegen, bevor die Route wieder zurück nach Offendorf führt, wo man sich zum Abschluss der insgesamt 23 Kilometer langen Tour nochmals im See abkühlen darf.

Adresse Zum See 8, 23626 Ratekau OT Offendorf // Anfahrt A 1, Ausfahrt Ratekau, auf Hemmelsdorfer Straße, gleich rechts nach Offendorf abbiegen, der Straße Seekamp folgen und links auf Zum See abbiegen // ab circa 8 Jahre

TIPP: Auf der Tour kommt man auch am Gestüt »Hof am See« (Nothweg 2–4, Tdf. Strand) vorbei. Dort können auch schon die kleinsten Pferdeliebhaber ihren Ponyführerschein machen.

92_DAS MAISLABYRINTH

Come in and find out

Karls Erdbeerhof in Warnsdorf ist ganzjährig ein beliebtes Ausflugsziel für Familien. Erdbeeren pflücken, Kuchen essen, einen Blick in die Bonbon- oder Erdbeermanufaktur werfen oder auf dem großen Außengelände spielen … Es ist schon ein kleiner Rummelplatz, der da im beschaulichen Dörfchen entstanden ist. Aber trotz des Trubels findet man auch ruhigere Ecken. So zum Beispiel in den Sommer- und Herbstmonaten auf einem etwa 20.000 Quadratmeter großen Feld, das zur Abwechslung nicht mit Erdbeeren bepflanzt ist, sondern mit Mais.

Jedes Jahr wächst hier ein neu gestaltetes Maislabyrinth, das die großen und kleinen Besucher entdecken und in dem sie sich herrlich verlaufen können. Etwa von Juli bis November sind die Pflanzen groß und dicht genug, um jegliche Sicht dazwischen und darüber zu versperren. Dann kann man sich am Eingang zum Labyrinth seinen Rallyebogen abholen und ins Abenteuer starten. Passend zum jährlich neu gewählten Thema gibt es Stationen im Labyrinth, die eine Geschichte erzählen und eine Rätselaufgabe stellen. So kommt beim Verlaufen garantiert keine Langeweile auf. Und wer nach längerem Suchen immer noch kein Licht am Ende des Grüns entdeckt hat, kann sich auf einem der beiden Hochsitze einen Überblick verschaffen. Wer den Spaß im Labyrinth wiederholen möchte, dem sei übrigens gesagt, dass die beim ersten Besuch gelöste Eintrittskarte freien Eintritt für die restliche Saison gewährt.

TIPP: Das Café Tausendschön (Fuchsbergstraße 11) versprüht Bullerbü-Charme. Es gibt nicht nur leckere Torten, sondern auch eine kuschelige Kinderspielecke.

Adresse Fuchsbergstraße 1, 23626 Ratekau OT Warnsdorf, www.karls.de // **Anfahrt** A 1, Ausfahrt Ratekau, auf Hemmelsdorfer Straße, gleich rechts nach Offendorf abbiegen, der Ortsdurchfahrt folgen und bei Kreuzkamp links Richtung Grammersdorf abbiegen, dem Straßenverlauf bis nach Warnsdorf folgen // **Öffnungszeiten** circa Juli – Nov. täglich 8 – 19 Uhr // ab circa 5 Jahre

93_DIE ERLEBNISBAHN

... fährt garantiert klimaneutral

Einen richtig aktiven Ausflug mit der ganzen Familie – am besten auch mit Onkeln, Tanten und allen, die sonst noch dazugehören – kann man bei der Erlebnisbahn Ratzeburg unternehmen. Denn bei dieser Bahn handelt es sich nicht um einen richtigen Zug, sondern um eine stillgelegte Bahnstrecke zwischen Ratzeburg und Schmilau, die für Draisinenfahrten genutzt wird. Nur mit Muskelkraft wird das Gefährt angetrieben, indem man einen großen Hebel wie eine Wippe stetig auf und ab bewegt. Entweder in der Kleindraisine, in der man mit bis zu acht Personen fahren kann, oder in der Großdraisine, die für acht bis zwölf Menschen Platz bietet.

Nach einer kurzen Einweisung geht es los, und schnell wird klar, dass hier echte Teamarbeit benötigt wird, um vorwärtszukommen. Das ist nicht nur ein Riesenspaß, sondern auch sehr entspannend! Denn diejenigen, die gerade pausieren dürfen, können die langsam vorbeiziehende Landschaft genießen. Am Ratzeburger Draisinenbahnhof kann man sich vor oder nach der Tour im 3-Muskel-Café stärken. Das hat seinen Namen übrigens von der 3-Muskel-Tour, welche die Draisinenfahrt mit einer Tour auf einem Sechs-Personen-Rad und einer Kanufahrt auf dem Ratzeburger See kombiniert. Da werden sicher noch mehr als drei Muskeln beansprucht – auf dem ungewöhnlichen Fahrrad auch die Lachmuskeln. An den Zwischenstationen gibt es zudem Grill- und Picknickmöglichkeiten, sodass man hier problemlos einen ganzen Tag verbringen kann.

Adresse Bahnhof, 23909 Ratzeburg, www.erlebnisbahn-ratzeburg.de // **ÖPNV** Zug bis Bahnhof Ratzeburg // **Anfahrt** B 207 Richtung Ratzeburg, auf B 208 Richtung Schwerin/Ratzeburg abbiegen, rechts auf Am Güterbahnhof und zum Bahnhof // **Öffnungszeiten** Terminvereinbarung über Website oder Tel. 04541/883216 // ab circa 5 Jahre

TIPP: Auf der Ratzeburger Schlosswiese lässt es sich im Sommer gut aushalten: Strandbad, Eisdiele und Fischbrötchen gibt es hier auf dem Landstreifen zwischen Ratzeburger See und Küchensee.

94_DER HERRENTEICH

Was vom Kloster übrig blieb

Nach Assoziationen zu Reinfeld gefragt, lautet die Antwort meist Karpfenstadt oder Herrenteich. Beides geht – genau wie die Gründung der Stadt – auf Zisterziensermönche im 12. Jahrhundert zurück. Sie stauten die Heilsau zum Herrenteich auf, um dort Karpfen zu züchten. Was für ein Glück, denn heute ist der Teich ein phantastischer Ort für schöne Spaziergänge.

Der Rundweg um den unteren Herrenteich, der fast die ganze Zeit direkt am Ufer entlangführt, ist knapp vier Kilometer lang und auch für Kinder gut zu meistern. Wenn man zügig geht, dauert die Umrundung etwa eine Stunde, aber es gibt unterwegs viel zu entdecken, sodass man sich hier auch mehrere Stunden aufhalten kann. Es wurde nämlich ein Naturerlebnispfad mit 16 Stationen angelegt. Welche Fischarten leben im Herrenteich? Warum ist Totholz für die Natur so wichtig? Was ist die Besonderheit eines Erlenbruchwalds? Diese und weitere Themen werden auf den Schautafeln erläutert und sollen die Aufmerksamkeit und das Verständnis für das Ökosystem rund um den Herrenteich erweitern. Beim Baumartenquiz können Groß und Klein ihr Wissen testen. Und es wird erklärt, wie man die Höhe eines Baumes misst, ohne hinaufzuklettern.

Während man an der Uferpromenade startet, wird der Weg im weiteren Verlauf naturbelassener und abwechslungsreicher. Zwischendurch geht es durch einen Tunnel aus Weidenzweigen, es gibt einen Spielplatz und eine Badestelle.

TIPP: Bei der Rundwanderung bietet sich ein Abstecher zur Fasanerie an, die sich auf der Westseite des Teichs befindet. Neben verschiedenen Fasanenarten gibt es auch andere Vogelarten zu sehen.

Adresse Matthias-Claudius-Straße, 23858 Reinfeld // ÖPNV Zug bis Reinfeld, zehn Minuten Fußweg zum Herrenteich // Anfahrt A 1, Ausfahrt Reinfeld, Beschilderung Richtung Reinfeld-Zentrum folgen und auf dem Parkplatz »Karpfenplatz« parken

95_DIE DÜNENGOLF-ANLAGE

Minigolf war gestern

Seit Mitte der 1950er Jahre die ersten Minigolfbahnen in Deutschland eröffnet wurden, quälen sich Generationen von Eltern mit ihrem Nachwuchs über die Plätze. »Nein, nicht die Bahnen betreten!« »Nach sechs Schlägen darfst du nicht noch mal!« »Ja, ich weiß, die Bahn ist da in der Ecke schief …« Oft ist die Anfangseuphorie nach den ersten Schlagversuchen schnell getrübt. Insbesondere weil die meisten Minigolfbahnen schon sehr in die Jahre gekommen sind und unebene Betonplatten zu ungeplanten und teilweise unüberwindlichen Hindernissen werden.

Doch zum Glück schwappt seit ein paar Jahren aus Skandinavien ein neuer Trend herüber: Adventure-Golf. Eine Minigolfvariante, die schon ein bisschen an »richtiges« Golf erinnert. Die teilweise mit Kunstrasen belegten Bahnen sind abwechslungsreich gestaltet und dürfen, Pardon, müssen sogar betreten werden, um spielen zu können. Außerdem ist die Zahl der Abschläge pro Bahn nicht beschränkt, und es wird mit richtigen Golfschlägern gespielt.

Das wirklich Einzigartige an der Adventure-Golf-Anlage in Scharbeutz ist vor allen Dingen der Standort zwischen den Dünen mit Blick auf die Ostsee. Passend dazu wurde bei der Gestaltung der Bahnen viel mit Naturstein gearbeitet, und es wächst wogender Strandhafer zwischen ihnen. Da kann es an schönen Tagen auch schon mal ganz schön voll werden, weswegen die ursprünglich zwölf Bahnen bereits um sechs weitere ergänzt wurden. Na dann … Auf ein »schönes Spiel«, wie man unter Golfern so sagt.

TIPP: Ein Stück weiter nördlich in den Dünen hat 2019 der nagelneue Skatepark eröffnet.

Adresse Strandallee/Pönitzer Chaussee, 23683 Scharbeutz // **Anfahrt** A 1, Ausfahrt Scharbeutz, auf B 432 Richtung Scharbeutz abbiegen, weiter auf Pönitzer Chaussee, kurz vor der Kreuzung mit der Strandallee den großen Parkplatz nutzen und zu Fuß nach vorne zum Dünengolf gehen // **Öffnungszeiten** April–Okt. täglich 10–18 Uhr (oder länger), Nov.–Dez. Sa, So bei gutem Wetter 12–17 Uhr // ab circa 4 Jahre

96_DIE INLINESKATE-STRECKE

Unten Rollen, oben Seeluft

Ein Ausflug zum Meer lohnt sich immer. Zum Beispiel für einen entspannten Spaziergang an der Promenade. Doch wenn angesichts des Laufens ein quengelndes »Ich kann nicht mehr!« in Dauerschleife zu hören ist, verdirbt das die erhoffte Entspannung garantiert. Aber vielleicht wächst die Begeisterung, wenn man sich acht Rollen unter die Füße schnallt und über die Promenade skatet.

Ein nahezu perfekter Ort dafür ist Scharbeutz. Die wunderschön gestaltete Promenade in den Dünen bietet einen phantastischen Blick aufs Meer. Auf dem größten Teil der Strecke gibt es einen separaten Radweg, der explizit auch für Inlineskater freigegeben ist. Ein guter Ausgangspunkt ist der erste Parkplatz an der Strandallee, von Timmendorf aus kommend. Von hier nutzt man gemeinsam mit den Radlern den Dünen-Radweg Richtung Norden.

Im Ortskern von Scharbeutz skatet man entlang der Straße, die im Sommer zur Fußgängerzone wird. Danach weiter auf dem Rad- und Skateweg an den Dünen, auf dem man bis zur Seebrücke nach Haffkrug rollen kann. Denselben Weg geht es wieder zurück bis zum Ausgangspunkt. Wer dann noch nicht genug hat, düst einfach weiter bis Timmendorfer Strand. Dort muss man zwar auf der Straße fahren, aber hier gilt Tempo 30 und es fährt sich ganz prima auf dem roten Straßenbelag. Anfänger sollten auf den Abschnitt in Timmendorf verzichten und außerhalb der Saison sowie zu Tagesrandzeiten fahren, wenn nicht so viele Fahrräder unterwegs sind.

Adresse Strandallee, 23683 Scharbeutz // **Anfahrt** A 1, Ausfahrt Ratekau, Richtung Timmendorfer Strand abbiegen, auf B 76 Richtung Scharbeutz fahren, rechts auf Strandallee abbiegen und den ersten Parkplatz nutzen // ab circa 6 Jahre

TIPP: In den Wintermonaten werden die Inlineskates gegen Schlittschuhe ausgetauscht. Dann gibt es in Höhe der Seebrücke die »Dünenmeile on Ice«.

97_DER SCHLAF-STRANDKORB

Wenn ein Tag am Strand nicht ausreicht

Gibt es eigentlich einen Ort, der die Menschen mehr entspannt als der Strand? Ob es am Sand unter den Füßen liegt, am beruhigenden Rauschen der Wellen oder am weiten Blick auf das Meer? Vielleicht ist es eine Mischung aus alldem. Gerade Eltern wissen diesen Effekt zu schätzen, wenn die Kinder einfach nur mit Buddeln beschäftigt und ganz in sich versunken sind. Dann möchte man eigentlich gar nicht mehr weg. Picknicken, bis zum Sonnenuntergang bleiben – und dann muss mal leider doch nach Hause aufbrechen.

Doch wer möchte, kann jetzt auch die Nacht am Strand verbringen. An mehreren Orten an der Lübecker Bucht gibt es bereits Schlafstrandkörbe wie den in Scharbeutz. Den kann man buchen – wahlweise mit Bettwäsche oder mit eigenem Schlafsack. Was für ein Glück, eingekuschelt unter dem Sternenhimmel zu liegen und dem Meeresrauschen zuzuhören, bis man einschläft. Sollte es in der Nacht doch zu kühl werden –, und das wird es an der Ostsee durchaus auch im Sommer – lässt sich der Strandkorb komplett schließen. Durch die Bullaugen an der Seite kann man dennoch hinausschauen und am nächsten Morgen den Sonnenaufgang genießen. So erholt wacht man selten auf – die gesunde Ostseeluft tut ihr Übriges dazu.

Das Beste daran: Morgens, wenn man von den ersten Sonnenstrahlen geweckt wird, klappt man den Strandkorb auf und hat den Strand noch fast für sich allein. Dann kann es ja gleich mit dem gemütlichen Buddeln und Sandburgenbauen weitergehen.

TIPP: Am selben Strandabschnitt kann man sich SUPs mieten und auch einen Schnupperkurs buchen.

Adresse Strandabschnitt 14, auf Höhe Fischerstieg, 23683 Scharbeutz // **Anfahrt** A 1, Ausfahrt Pansdorf, Richtung Scharbeutz abbiegen, am Kreisverkehr die erste Ausfahrt auf B 76 nehmen, gleich links nach Seestraße abbiegen, weiter halb rechts auf Badeweg, rechts auf Fischerstieg und dort parken (Großparkplatz Badeweg), zu Fuß über den Fischerstieg vor zum Strand // **Öffnungszeiten** Buchungen unter Tel. 04503/7794100 oder scharbeutz@luebecker-bucht-ostsee.de

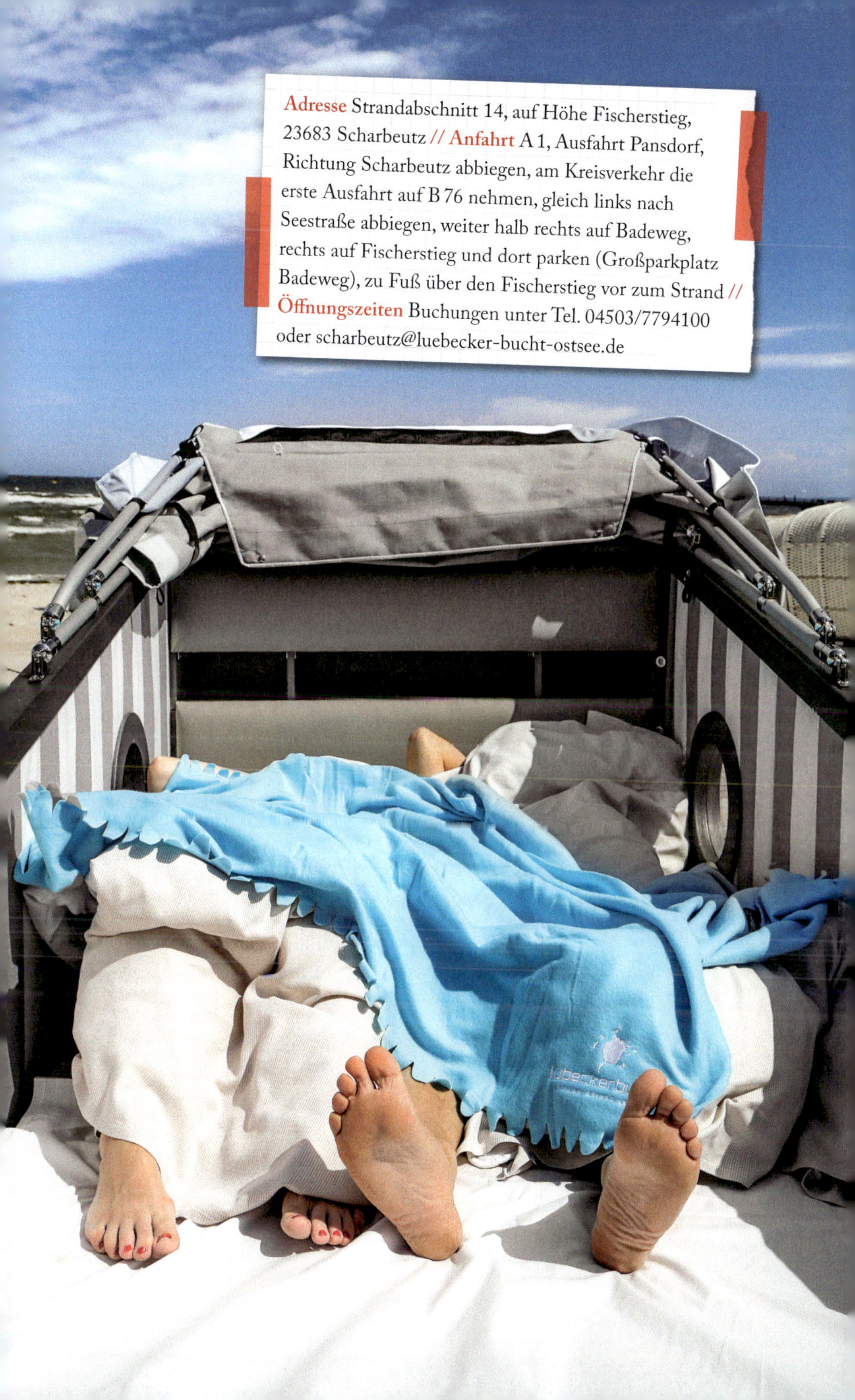

98_DIE STRAND-CRÊPERIE

Hauchdünn, wild belegt und unglaublich lecker

Egal, ob es vom Schwimmen oder vom Toben in der frischen Brise kommt: Strandleben macht hungrig. Da ist es super, wenn man sich einen schnellen und leckeren Snack auf die Hand besorgen kann. Crêpes sind dabei vor allem bei Kindern beliebt. Besonders dann, wenn der hauchdünne Pfannkuchen mit Nutella bestrichen wird. Aber auch Zimt und Zucker oder Apfelmus sind Dauerbrenner an den Crêpes-Ständen der Nation.

Eine Spur kreativer sind da die Variationen, die die Strand-Crêperie im Angebot hat. Hier gibt es nicht nur süße Crêpes, sondern auch herzhafte Pfannkuchen, die mit Tomate und Mozzarella oder Rucola und Schafskäse belegt sind. Aber auch ganz außergewöhnliche Kreationen wie der Chili-Cheese-Crêpe oder der Krabben-Crêpe stehen auf der Karte. Bei dieser Auswahl kann man es fast wie die Bretonen machen. Denn in ihrer nordfranzösischen Heimat verzehrt man die Crêpes gern auch mal als Menü zum Sattessen. Als Hauptgang einen deftigen Pfannkuchen – meist aus Buchweizenmehl gebacken – und anschließend einen süßen Crêpe als Dessert.

Diese Vielfalt kommt an! Seit 2008 stehen die Kunden zu jeder Jahreszeit in der kleinen Crêperie an der Strandallee Schlange. Das liegt aber nicht nur an den unglaublich leckeren Crêpes, sondern auch an der wahnsinnig positiven Energie der beiden Inhaber. Hier bekommt man zum Pfannkuchen gratis eine große Portion gute Laune serviert. Und natürlich stehen für die kleinen Gäste auch die heiß geliebten Klassiker auf der Karte.

TIPP: Gleich um die Ecke, angrenzend an den Kurpark, befindet sich ein schöner Spielplatz.

Adresse Strandallee 136, 23683 Scharbeutz, www.strandcreperie-scharbeutz.de // **Anfahrt** A 1, Ausfahrt Pansdorf, Richtung Scharbeutz abbiegen, am Kreisverkehr die erste Ausfahrt auf B 76 nehmen, gleich links nach Seestraße abbiegen, weiter halb rechts auf Badeweg, rechts auf Fischerstieg und dort parken (Großparkplatz Badeweg), zu Fuß über den Badeweg bis zur Strandallee und dort nach links gehen // **Öffnungszeiten** täglich 11–20 Uhr

99_DER WALD-HOCHSEILGARTEN

Fast wie Tarzan

Ängste überwinden. Selbstvertrauen stärken. Oder einfach nur Spaß haben. Gründe, einen Hochseilgarten zu besuchen, gibt es genug. Aber eins ist sicher: Bei diesem Freizeitvergnügen können Erwachsene eine Menge von Kindern lernen. Zum Beispiel: nicht nachdenken, einfach machen! Schließlich will man sich auf bis zu 15,5 Meter Höhe wagen.

Zunächst wird auf dem Übungsparcours Balancieren, Hangeln, Klettern und vor allem das Sichern mit den zwei Karabinern trainiert. Da man sich hier in maximal 2,5 Metern Höhe befindet und der Schwierigkeitsgrad noch überschaubar ist, ist das kein Problem. Im Gegenteil, man lernt, der Technik und den eigenen Fähigkeiten zu vertrauen. Und spätestens bei der ersten rasanten Fahrt mit der Seilbahn entdeckt man den Spaß an der Sache.

Danach sind auch die höheren Parcours gar nicht mehr so dramatisch. Es wird zwar etwas kniffliger, die einzelnen Hindernisse zu überwinden, aber wenn die Kräfte ausgehen, kann man sich immer noch mit Hilfe des Sicherungssystems zur nächsten Plattform hangeln. Und je höher es hinausgeht, desto stolzer ist man anschließend auf sich.

Auch Kinder dürfen alle drei Parcours durchlaufen, wenn sie von einem Erwachsenen begleitet werden. Den Übungsparcours können auch Menschen mit geistigem oder körperlichem Handicap meistern. Das sollte allerdings vorher angemeldet werden, damit das geschulte Personal bei Bedarf unterstützen kann.

TIPP: Nach der Kletterpartie tut es gut, die müden Muskeln in der warmen Ostseetherme zu entspannen und neue Kraft zu tanken.

Adresse Kammerwald, 23683 Scharbeutz, www.waldhochseilgarten-scharbeutz.de // **Anfahrt** A 1, Ausfahrt Pansdorf, Richtung Scharbeutz abbiegen, am Kreisverkehr die erste Ausfahrt auf B 76 nehmen und Richtung Timmendorfer Strand fahren, den Parkplatz an der Ostseetherme nutzen und zu Fuß in den gegenüberliegenden Wald gehen // **Öffnungszeiten** siehe Website // ab circa 6 Jahre

100_DER FISCHEREI-LEHRPFAD

Auch was für Landratten

Wenn man am Meer wohnt, sollte man auch über das Meer Bescheid wissen. Für einen guten Überblick bietet sich der Fischereilehrpfad in Haffkrug an. Der wurde 2017 neu gestaltet und gibt an sieben Stationen vielfältige Informationen, teilweise auf interaktiven Schildern oder mit Audioelementen. Das spricht insbesondere Kinder weitaus mehr an als der frühere Lehrpfad, auf dem man geduldig die Schilder lesen musste.

Noch viel interessanter wird es jedoch, wenn ein passionierter Angler, der als Kind mit den Fischern rausgefahren ist, sein Wissen mit den Besuchern teilt. Ein solcher ist Lothar Frehse, und bei den kostenlosen Führungen berichtet er über die in der Ostsee und vor Haffkrug lebenden Fischarten und die verschiedenen Fangmethoden. Aber er hat noch viel mehr zu erzählen. Beispielsweise darüber, wie die Ostsee entstanden ist, wie hoch die aktuellen Fangquoten sind und natürlich wie das Leben der Fischer zu seiner Kindheit aussah. Außerdem teilt er mit den Zuhörern seine besten Angeltricks und gibt Tipps zur richtigen Zubereitung des Fangs.

Unterstützt wird er bei den Führungen durch einen Fischräucherer, der Heringe und einen kleinen Ofen dabeihat und das Räuchern vorführt. Schließlich war Haffkrug früher nicht nur ein Fischerdorf, sondern auch Heimat von sechs Räuchereien, die ihre Aale sogar bis ins Ausland verschickt haben. Den frisch geräucherten Fisch dürfen natürlich alle probieren. Für die junge Fischstäbchen-Fraktion oft ein ganz neues Geschmackserlebnis.

TIPP: Hinter der Häuserreihe gegenüber der Seebrücke liegt der Haffwiesenpark mit einem schön gestalteten Spielplatz.

Adresse Strandallee (auf dem Seebrückenvorplatz), 23683 Haffkrug bei der Fischerstatue // Anfahrt A 1, Ausfahrt Eutin, abbiegen Richtung Haffkrug, weiter auf Bahnhofstraße, öffentlicher Parkplatz am Ende der Straße in Nachbarschaft zum Seebrückenvorplatz // Öffnungszeiten Termine Mai – Ende Okt. Do 16 Uhr, Sondertermine für Gruppen unter Tel. 04563/1254 buchbar // ab circa 5 Jahre

101_DAS GRENZHUS

Geschichte am authentischen Ort

Wohin passt ein Museum zur innerdeutschen Grenze besser als direkt ins ehemalige Grenzgebiet? Die Gemeinde Schlagsdorf lag bis zur Wende mitten in der Sperrzone der DDR und war nur mit einem speziellen Passierschein erreichbar. Hier wurde 1999 das Grenzhus eingerichtet, das 2017 eine neu gestaltete Ausstellung erhielt.

In verschiedenen Themenbereichen wird nun gezeigt, wie durch die Grenze die Herrschaft erhalten wurde und wie das Leben im Grenzgebiet aussah. Es wird von Fluchtversuchen und deren Folgen erzählt, aber auch dargestellt, wie ungestört sich die Natur im Grenzgebiet entwickeln konnte. Und natürlich wird auch von der Grenzöffnung berichtet. Gerade weil Kinder und Jugendliche die deutsche Teilung nur als geschichtliches Thema kennen, ist für sie eine anschaulich gestaltete Ausstellung besonders wichtig. Die Alltagsgeschichten von beiden Seiten der Grenze vermitteln dies sehr eindrucksvoll.

Etwa 500 Meter vom Grenzhus entfernt liegt das zugehörige Außengelände, auf dem eine DDR-Grenzanlage detailgetreu rekonstruiert wurde. Die Vorstellung, dass Menschen tatsächlich versucht haben, die Konstruktion aus Maschendrahtzaun und Graben zu überwinden, verursacht schon ein beklemmendes Gefühl. Keine Frage, ein Tagesausflug ins Grenzhus ist eine ernsthafte Angelegenheit, zugleich aber unerlässlich, wenn die nächsten Generationen aus Fehlern der Vergangenheit lernen sollen.

Adresse Neubauernweg 1, 19217 Schlagsdorf, www.grenzhus.de // **Anfahrt** Ratzeburger Allee bis Groß Grönau, oder A 20, Ausfahrt Groß Sarau, am Kreisverkehr Richtung Groß Sarau abfahren, links Richtung Rothenhusen, weiter bis Utecht, rechts auf Dorfstraße, links auf Hauptstraße, weiter bis Thandorf, in Thandorf rechts abbiegen Richtung Schlagsdorf, in Schlagsdorf der Hauptstraße folgen, rechts auf Moorweg und weiter auf Neubauernweg // **Öffnungszeiten** täglich 10–16.30 Uhr // ab circa 9 Jahre

TIPP: Gehen Sie vom Außengelände einfach den Feldweg weiter, der nach rechts abknickt und zum Mechower See mit einer schönen Badestelle führt. Biegt man am Seeufer rechts ab und hält sich auch an den folgenden Kreuzungen immer rechts, kommt man nach einer schönen Rundwanderung (circa fünf Kilometer) wieder am Grenzhus an.

102_DAS CAFÉ TESCH

Die leckersten Torten weit und breit

Egal, ob Brombeer-Schoko-Torte, Crème-brûlée-Käsekuchen, Erdbeer-Mascarpone-Torte oder Holunderblütentorte: Die Tortenliste, die jeden Sonntagvormittag auf der Facebook-Seite des Café Tesch veröffentlicht wird, lässt den Followern das Wasser im Mund zusammenlaufen und sorgt am Nachmittag meist für Vollbelegung aller Plätze. Und das, obwohl das Café auf der Halbinsel Teschow, die sich zwischen Trave und Dassower See erstreckt, für die meisten Besucher nicht gerade um die Ecke liegt.

Aber das stört die begeisterten Torten-Fans nicht. Denn im Café Tesch bekommt man nicht nur grandiose Torten-Kreationen, sondern man sitzt entweder in der gemütlichen Scheune oder im weitläufigen Garten. Hier können die Kinder nach Herzenslust toben und nach der benachbarten Schafherde Ausschau halten.

Mit dem Café haben sich die beiden Betreiber einen Traum erfüllt. Zunächst haben sie das wunderschöne Haupthaus von 1857 restauriert. Als sie sich der verfallenen Scheune annahmen, sahen sie hier die Chance, ihrer Liebe zur Kreation von Torten und der Freude am Umgang mit Menschen eine Heimat zu geben. Und da Hobbys bekanntlich mehr Spaß machen als Arbeit, sollte das Café von Anfang an nur ein Hobby bleiben. Aus diesem Grund öffnet das Café Tesch nur sonntags von Mai bis Ende September. Und aus diesem Grund gibt es auch keine festen Preise. Die Gäste zahlen am Ende des Besuchs so viel sie möchten und ihnen die leckeren Torten wert sind.

Adresse Dorfstraße 2, 23023 Selmsdorf OT Teschow, www.cafe-tesch.webnode.com // **Anfahrt** Travemünder Allee stadtauswärts, auf B 104 Richtung Rostock/Schwerin abbiegen, B 104 bis Selmsdorf folgen, links auf B 105 Richtung Sülsdorf, links auf Teschower Straße, weiter auf Dorfstraße // **Öffnungszeiten** Mai–Sep. So 14–17 Uhr

TIPP: Dass es früher nicht so leicht möglich war, in dieses nahe gelegene Dorf zu fahren, können Kinder eindrucksvoll in der Grenzdokumentations-Stätte Lübeck-Schlutup (Mecklenburger Straße 12) erfahren.

103_DER HANSA-PARK

Thrill im Hanse-Stil

Seit mittlerweile über 40 Jahren ist der Hansa-Park mit seinen Achterbahnen der Dauerbrenner bei Kindern und Jugendlichen in der Region. Die heutige Elterngeneration kennt ihn vermutlich noch unter dem Namen Hansaland, den er bis 1987 trug. Das Ambiente mit schlichten und funktionalen Bauten aus den 1970er und 1980er Jahren hielt sich sogar noch etwas länger als der alte Name.

Doch seit 2008 Jahren erfindet sich der Hansa-Park neu und setzt seither voll auf die Thematisierung mit der namensgebenden Hanse. Seitdem betritt man den Park durch einen Holstentor-Nachbau, und der Kassenbereich sieht aus wie das schnuckelige Hanseviertel Bryggen im norwegischen Bergen. Nach und nach wurden und werden alle Pavillons mit Nachbauten historischer Gebäude aus europäischen Hansestädten verkleidet, was dem Park einen gemütlichen Charakter verleiht. So verändert er sich kontinuierlich, und nicht nur die Kinder, sondern auch die Eltern können jedes Jahr etwas Neues entdecken.

Und auch Neues lernen: Denn wer hätte gedacht, dass die Hanse, deren Verbreitung viele lediglich im Ostseeraum verorten, eine weitaus größere Ausdehnung hatte und sogar bis nach Schottland reichte? Aberdeen und Edinburgh gehörten auch dazu. Daher passte es perfekt, die Loopingbahn Nessie, die fast so alt ist wie der Park selbst, zu einem schottischen Schloss umzubauen und damit den Themenbereich »Bezauberndes Britannien« zu eröffnen.

Adresse Am Fahrenkrog 1, 23730 Sierksdorf, www.hansapark.de // Anfahrt A 1, Ausfahrt Eutin, links Richtung Haffkrug abbiegen, links Richtung Sierksdorf auf Bäderstraße // Öffnungszeiten Ende März – Mitte Okt. täglich 9 – 18 Uhr // ab circa 3 Jahre

TIPP: Weiter südlich im Sierksdorfer Ortskern findet man noch Strandabschnitte, die selbst zur Hochsaison nicht überlaufen, sondern gemütlich und ruhig sind.

104_DAS MUSEUM VERGESSENE ARBEIT

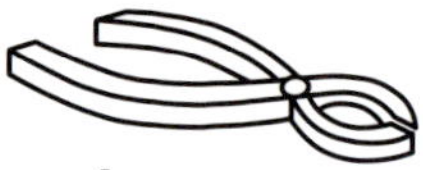

Wo altes Handwerk zum Leben erwacht

Das kleine Dorf Steinhorst beherbergt ein Museum mit 1.500 Quadratmetern Ausstellungsfläche und einer außerordentlichen Sammlung, deren Besuch zum Pflichtprogramm im Sachkundeunterricht gehören sollte. Denn hier werden die unterschiedlichsten Handwerksberufe, wie es sie noch in der ersten Hälfte des 20. Jahrhunderts gab, lebendig.

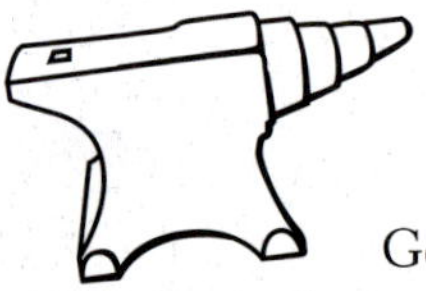

Das Museum Vergessene Arbeit wurde durch den Geschichtsverein des Ortes in einer denkmalgeschützten Scheune eingerichtet. Die ehrenamtlichen Mitarbeiter, allesamt Senioren aus dem Ort und der Umgebung, haben die alten Handwerkskünste erlernt, jeder nach seinen Interessen und Fähigkeiten. So kann man dem Schuster bei der Herstellung von Lederschuhen oder dem Buchbinder bei der Restauration eines alten Lexikons zusehen. In der Seilerei lernen die Kinder, ein Tau zu drehen, und in der Druckerei dürfen sie sogar selbst eine Karte setzen und drucken.

Neben den handwerklichen Vorführungen werden auch historische landwirtschaftliche Maschinen, Feuerwehrkutschen sowie alte Haushaltsgeräte und Einrichtungsgegenstände ausgestellt. Die Kinder dürfen die Kartoffelsortiermaschine bedienen oder Kaffee mahlen. In diesem Museum entdeckt wirklich jeder mindestens ein Gerät, von dem er oder sie keinerlei Ahnung hat, wozu es dienen könnte. Aber die engagierten Mitarbeiter können garantiert jede Frage beantworten.

TIPP: In Steinhorst gibt es auch ein schönes Freibad, dessen Betrieb ebenfalls von Ehrenamtlern gestützt wird.

Adresse Schulstraße 10, 23847 Steinhorst, www.museum-steinhorst.de // **Anfahrt** A 1, Ausfahrt Bad Oldesloe, auf B208 Richtung Ratzeburg abbiegen, in Siebenbäumen rechts auf Mühlenstraße Richtung Steinhorst, in Steinhorst rechts auf Schulstraße // **Öffnungszeiten** März–Okt. Mi 9–12 Uhr, 1. Sa im Monat 14–17 Uhr // ab circa 5 Jahre

105_DER WASSERSKIPARK

Die große Freiheit auf Brettern

Mit einem oder zwei Brettern unter den Füßen über das Wasser gleiten ist ein Riesenspaß für die ganze Familie. In Süsel kann man das gleich auf drei Bahnen ausprobieren. Diejenigen, die fürs Wasserskifahren oder Wakeboarden noch zu jung sind oder sich zu alt fühlen, chillen auf der Liegewiese, spielen Beachvolleyball, schwimmen in der Badebucht oder nutzen den Spielplatz. Alle, die sich aufs Wasser wagen wollen, erhalten Skier und Schwimmwesten kostenlos, Wakeboards und Helme können gegen Gebühr geliehen werden. Für Anfänger sind die Paarskier jedoch die bessere Alternative. Dann kann es zunächst auf der kleinen Bahn losgehen. Anfänger können auch während der regulären Öffnungszeiten einen zweistündigen Kurs belegen und eine entsprechende Einweisung erhalten.

Denn wenn man sich zum ersten Mal am Bügel festhält und sich von der Seilbahn aufs Wasser ziehen lässt, macht sich erst einmal Ernüchterung breit. Zu Beginn wollen die Bretter einfach nicht parallel unter den Beinen bleiben, driften auseinander und sinken mitsamt dem Skifahrer ins Wasser. Aber mit den richtigen Tipps und einer guten Portion Durchhaltevermögen sieht man schon nach kurzer Zeit erste Fortschritte. Wenn dann die erste Runde komplett geschafft ist, gibt es kein Halten mehr.

Nach einigen Stunden Übung kann man sich auch auf die größere Bahn wagen, und wer schon etwas weiter fortgeschritten ist, probiert dann auch mal den ersten Sprung über die Hindernisse aus.

Adresse Süseler Moor 2, 23701 Süsel, www.wasserski-suesel.de // Anfahrt A 1, Ausfahrt Eutin, auf B 76 Richtung Eutin abbiegen, Ausfahrt Richtung Süsel, zweimal links abbiegen auf Süseler Moor // Öffnungszeiten April–Okt. täglich, genaue Zeiten siehe Website // ab circa 9 Jahre

TIPP: In der Kulturscheune Süsel (Pastor-Dr.-Fuchs-Weg 3) treffen sich Kinder ab sieben Jahre, um gemeinsam niederdeutsches Theater zu spielen.

106_DAS TELLER & TASSE

Ankommen, abschalten, anmalen

Ein individuelles Geschenk für Oma? Ein kreativer Kindergeburtstag? Oder einfach mal nur so, weil es Spaß macht? Die Gründe, warum die Kunden ins Atelier von Anna Lisa Ramundt kommen, sind vielfältig. Sie alle sind aber hier, um ihre Kreativität an Keramikstücken auszulassen. Nicht nur Teller und Tassen werden dabei zu kleinen Kunstwerken, sondern auch Schüsseln, Teekannen, Butterdosen und vieles mehr. Anna Lisa Ramundt hält dafür hübsche Keramikrohlinge bereit, genauso wie Farben, Pinsel und alles andere, was für die Verzierung der Produkte benötigt wird. Nach dem Bemalen bleiben die Stücke zum Trocknen und anschließenden Brennen im Atelier und können ein paar Tage später abgeholt werden.

Lange Jahre befand sich die Keramik-Kreativwerkstatt in der Lübecker Hüxstraße – damals war noch Anna Lisas Vater der Inhaber. 2017 eröffnete sie »teller & tasse« dann neu in dem wunderschönen Bauernhaus auf dem Land, in dem sie auch mit ihrer Familie lebt. Die Anfahrt für die Lübecker Gäste ist zwar jetzt etwas weiter, dafür werden sie aber mit einem besonderen Ambiente belohnt. Nun sitzt man gemütlich in der großen Diele, im Winter am Kaminfeuer, im Sommer mit offener Tür zum riesigen Garten. Gerade Letzterer erweist sich als Segen, wenn beim Kindergeburtstag die ersten Künstler fertig sind, während andere noch an ihrem Kunstwerk feilen.

Adresse Alte Dorfstraße 19, 19217 Thandorf, www.teller-tasse-keramik.de // Anfahrt Ratzeburger Allee bis Groß Grönau, oder A 20, Ausfahrt Groß Sarau, am Kreisverkehr Richtung Groß Sarau abfahren, links Richtung Rothenhusen, weiter bis Utecht, rechts auf Dorfstraße, links auf Hauptstraße, weiter bis Thandorf, weiter auf Alte Dorfstraße fahren // Öffnungszeiten siehe Website, Anmeldung erbeten // ab 6 Jahre

TIPP: An der Alten Dorfstraße liegt auch der Bauernteich mit Spielplatz, Beachvolleyballfeld und zwei Badestegen.

107_DER 54. BREITENGRAD

Genaue Koordinaten? Check!

Ein mondäner Ort wie Timmendorfer Strand mit seinen schicken Geschäften braucht natürlich auch eine schön gestaltete Fußgängerzone. Darum ist der helle Bodenbelag ganz maritim angehaucht und mit einem wellenartigen Streifen dunkler Pflastersteine durchzogen. Zwischendurch tauchen sogar U-Boot-artige Granitblöcke aus der Welle auf. Wenn das mal nicht zum Spielen einlädt, während die Eltern beim Shoppen sind.

Doch plötzlich unterbricht ein beschrifteter Querstreifen die Welle: »54° Nördliche Breite« ist darauf zu lesen. Die Gelegenheit für einen kleinen geografischen Exkurs! Kinder, die sich für Landkarten interessieren oder gern mal auf den Globus schauen, werden fasziniert sein. Denn vielleicht haben sie darauf schon die quer oder längs verlaufenden Striche entdeckt, von denen sie nicht genau wussten, wofür die eigentlich stehen. Und jetzt ist der Moment da, wo sie so einen Strich, nämlich einen Breitengrad mal in echt, auf dem Boden sehen.

Denn Timmendorfer Strand liegt genau wie das irische Belfast, wie Rostock oder das polnische Danzig, wie Edmonton in Kanada oder auch der nördliche Teil des riesigen Baikalsees auf dem 54. Breitengrad. Aber während sich die anderen Orte nur so ungefähr in der Nähe davon befinden – immerhin sind es 111 Kilometer bis zum nächsten Breitengrad –, verläuft der 54. ganz exakt durch die Fußgängerzone von Timmendorfer Strand. Wer hätte das gedacht!

Adresse Kurpromenade (in Höhe Hausnummer 2), 23669 Timmendorfer Strand // Anfahrt A 1, Ausfahrt Ratekau, Richtung Timmendorfer Strand abbiegen, in Timmendorf weiter auf Lübecker Straße, rechts auf Bergstraße, links auf Wohldstraße, Parkplatz am Eissportzentrum nutzen, zu Fuß durch den Kurpark über Kurparkstraße zur Kurpromenade

TIPP: Auf der Strandpromenade Richtung Scharbeutz trifft man auf die Skulptur einer Giraffengans. Für Kinder mag dieses lustige Tier jedoch gar keine Besonderheit sein, schließlich gibt es ja auch die Tigerente.

108_TAUCHEN IN DER OSTSEE

Expeditionen in der Tiefe

Schwerelos im Wasser schweben und die Unterwasserwelt der Ostsee erkunden? Das können sogar blutige Tauchanfänger ab zehn Jahre. Denn das PADI 5 Star Dive Center NICEDIVE4U bietet Tauchschnupperkurse vor Timmendorfer Strand an. Klar, die Ostsee ist nicht das Rote Meer oder das Great Barrier Reef, aber es gibt auch hier jede Menge unter Wasser zu entdecken: zahlreiche Plattfische, wogende Seegraswiesen, freche Krabben, anmutige Seesterne oder wuselige Garnelenschwärme.

Drei bis vier Stunden dauert der Schnupperkurs insgesamt. Nach einer ausführlichen theoretischen Einführung und Erklärung des Materials geht es dann für rund 60 Minuten ins Wasser. Dort wird bis zu vier Meter tief getaucht, was für Tauchneulinge absolut ausreichend ist. Aber die entspannte Art der beiden Chef-Tauchlehrer Michaela und Thomas gibt den Unterwasserfrischlingen ein maximales Sicherheitsgefühl.

Wenn man befürchtet, dass das Tauchen in der Ostsee doch noch zu anspruchsvoll ist, oder wenn Kinder mittauchen wollen, die erst acht oder neun Jahre alt sind, dann darf man sich gern beim Tauchen im Pool versuchen. Und wer beim Schnuppern seine neue Sportart entdeckt hat, der kann Teil des PADI-Seal-Teams werden und einen Kindertauchkurs über mehrere Einheiten besuchen. Denn wenn man erst einmal zu den Fortgeschrittenen gehört, kann man irgendwann auch ganz besondere Tauchgänge in der Ostsee buchen. Dann wird zum Beispiel nachts abgetaucht oder ein von Seesternen belagertes Wrack erkundet.

TIPP: Leckere Pizza in kinderfreundlicher Atmosphäre gibt es direkt gegenüber der Tauchzentrale in der Trattoria del Campo.

Adresse Oeverdieker Weg 9, 23669 Timmendorfer Strand, www.nicedive4u.de // **Anfahrt** A 1, Ausfahrt Ratekau, Richtung Timmendorfer Strand abbiegen, in Timmendorf weiter auf Lübecker Straße, links auf Bergstraße, rechts auf Bahnhofstraße, halb rechts auf Schwedenweg, Bahngleise überqueren, nach rechts und sofort danach nach links abbiegen, rechts auf Oeverdieker Weg // **Öffnungszeiten** Termine ganzjährig nach Absprache, Kontakt siehe Website // ab 10 Jahre

109_DIE RÄUBERKUHLE

... erzählt von Raubrittern und Piraten

Kinder zu einem Spaziergang zu ermuntern ist nicht immer ganz leicht. Viel zu langweilig! Was aber, wenn das Ziel eine ehemalige Burg ist, auf der einst Raubritter und Piraten gewohnt haben? Dann werden auch Lauffaule plötzlich munter!

In einem schönen Waldstück in Niendorf befand sich nämlich im 13. Jahrhundert eine mittelalterliche Burg. Genauer gesagt eine

Turmhügelburg. Die lag auf einem Hügel, den man heute noch sehen kann, und bestand vermutlich aus einem Holzturm. Vom Holzturm und somit der Burg ist heute nicht mehr viel zu sehen – da sollten keine falschen Hoffnungen geweckt werden. Lediglich die Fundamentsteine in Form von ein paar Findlingen kann man noch ausmachen.

Was aber erhalten ist, sind die Geschichten, die über die Burg erzählt werden. Ob Klaus Störtebeker hier wirklich seine Schätze versteckt hat, ist ungewiss. Urkundlich belegt ist hingegen, dass die Burg »Gosevelde« hieß und den Rittern von Buchwaldt gehörte. Sie wurde jedoch meist nur »Räuberkuhle« genannt, denn die Ritter wurden zu Räubern. Sie mussten nämlich zusehen, wie die Kaufleute aus den Städten durch den Handel immer reicher wurden, ohne dass sie etwas vom Kuchen abbekamen. Also verlangten sie von den Reisenden Wegzoll. Wenn diese sich weigerten, plünderten die Ritter einfach den ganzen Kaufmannszug.

Aus diesem Grund wurde die Burg schließlich auch im Auftrag der Stadt Lübeck zerstört.

TIPP: Auch der Vogelpark ist einen Besuch wert, denn unter den 250 Arten ist hier die weltweit größte Eulensammlung zu sehen.

Adresse Bäderrandstraße, 23669 Timmendorfer Strand OT Niendorf // **Anfahrt** B 75 (Travemünder Allee) stadtauswärts, durch den Herrentunnel, weiter auf B 75 bleiben, kurz vor Travemünde abfahren auf B 76 Richtung Timmendorfer Strand/Kiel, in Niendorf links auf den Parkplatz »Am Vogelpark« fahren, zu Fuß bis zum Vogelpark gehen, vor dem Eingang links und anschließend rechts abbiegen, Fußweg um den Park, nach der Rechtskurve links abbiegen und Weg bis zur Räuberkuhle folgen

110_DER SEEBRÜCKEN-SPIELPLATZ

Ein echtes Unikat in den Seebädern

Das hübsche Fischerörtchen Niendorf ist der familienfreundliche Ableger des mondänen Ostseebads Timmendorfer Strand. Und so ist es folgerichtig, dass auf der Timmendorfer Seebrücke ein schickes Teehaus im Asiastil über der Ostsee schwebt, während es auf dem Niendorfer Exemplar maritim und verspielt zugeht. Im Sommer 2014 wurde die neu gestaltete Seebrücke eröffnet. Stolze 185 Meter lang ist sie, und ihr Kopf erhielt die Form eines riesigen Fisches. Während diese architektonische Raffinesse lediglich von Möwen und Drohnenpiloten bewundert werden kann, dürfen sich alle anderen Besucher an den hübschen, aus Holz gefertigten Annehmlichkeiten erfreuen.

Zu diesen gehören beispielsweise die drehbaren Liegestühle und der hydraulische Badesteg, der bis ins Wasser abgesenkt werden kann. Für Familien aber ist natürlich der liebevoll gestaltete Spielplatz das Highlight. So etwas hat keine andere Seebrücke!

Passend zu Niendorf wurde der Kletterturm, der zur Tunnelrutsche hinaufführt, als Seeschnecke gestaltet, die sich in einer Reuse verfangen hat. In den Reusennetzen kann man in fast vier Metern Höhe oberhalb und sogar ein Stück weit unterhalb der Brücke klettern. Dann hat man nur das Netz und das Wasser unter sich. Geritten wird auf einer Robbe, und auf der Sitzbank für die Eltern hat ein Fischer mit seiner Angel Platz genommen.

TIPP: Das benachbarte Meerwasserhallenbad bietet Baby- und Kinderschwimmkurse in 28 Grad warmem Salzwasser an.

Adresse Strandstraße (in Höhe Hausnummer 131), 23669 Timmendorfer Strand OT Niendorf // **Anfahrt** B 75 (Travemünder Allee) stadtauswärts, durch den Herrentunnel, weiter auf B 75 bleiben, kurz vor Travemünde abfahren auf B 76 Richtung Timmendorfer Strand/Kiel, in Niendorf rechts auf Panganiweg und auf dem Großparkplatz parken, zu Fuß über Panganiweg und rechts zur Strandstraße bis zur Seebrücke

111_DAS WILDE NANDU-LAND

Ist hier etwa Südamerika?

Wenn man auf dem Land nordöstlich des Ratzeburger Sees unterwegs ist, sollte man vorsichtig fahren. Denn es kann einem schon mal ganz unvermittelt ein Nandu vors Auto laufen. Ja, ganz richtig. Ein Nandu. Hier, im ehemaligen innerdeutschen Grenzgebiet, lebt nämlich die einzige wilde Nandu-Kolonie Europas. Irgendwann um die Jahrtausendwende sind die straußenartigen Schreitvögel, die eigentlich aus Südamerika stammen, aus einem Gehege in der Nähe von Lübeck ausgebrochen. Damals waren es nur wenige Vögel, und es war zu erwarten, dass sie den norddeutschen Winter nicht überleben würden. Doch den Nandus gefiel es im Biosphärenreservat Schaalsee, dessen nördlichster Zipfel sich bis hierhin erstreckt.

Heute sind es Hunderte von ihnen, die auf den Feldern zwischen Utecht, Bäk und Thandorf umherstreifen und sich besonders gern am jungen Raps bedienen. Sehr zum Leidwesen der Landwirte. Sie fordern schon seit einigen Jahren, dass die Tiere zum Abschuss freigegeben werden. Denn das possierliche Federvieh hat bei uns keine Fressfeinde. Und das Ansiedeln wilder Jaguare wäre vermutlich auch keine Idee, die auf Zuspruch in der Bevölkerung stieße.

Solange die Tiere sich aber noch unbeschadet weitervermehren dürfen, heißt es »Augen auf beim Nandu-Watching!«. Wenn man Glück hat, kann man sogar ein Nandu-Weibchen mit seinen Kleinen entdecken. Dann sollte man aber einen Sicherheitsabstand einhalten.

Adresse 19217 Utecht // Anfahrt Ratzeburger Allee bis Groß Grönau, oder A 20, Ausfahrt Groß Sarau, am Kreisverkehr Richtung Groß Sarau abfahren, links Richtung Rothenhusen, weiter bis Utecht, rechts auf Dorfstraße, links auf Hauptstraße, weiter Richtung Thandorf oder Bäk auf den Wegen durch die Felder

TIPP: Im Nachbarort Schattin kann man auf dem Hof Alte Zeiten zum Frühstücksbuffet oder Gänseessen einkehren (Termine unter www.hof-alte-zeiten.de). Die Kinder freuen sich nicht nur über die Sandkiste, sondern auch über frei laufende Hühner, Kaninchen und zwei Pferde.

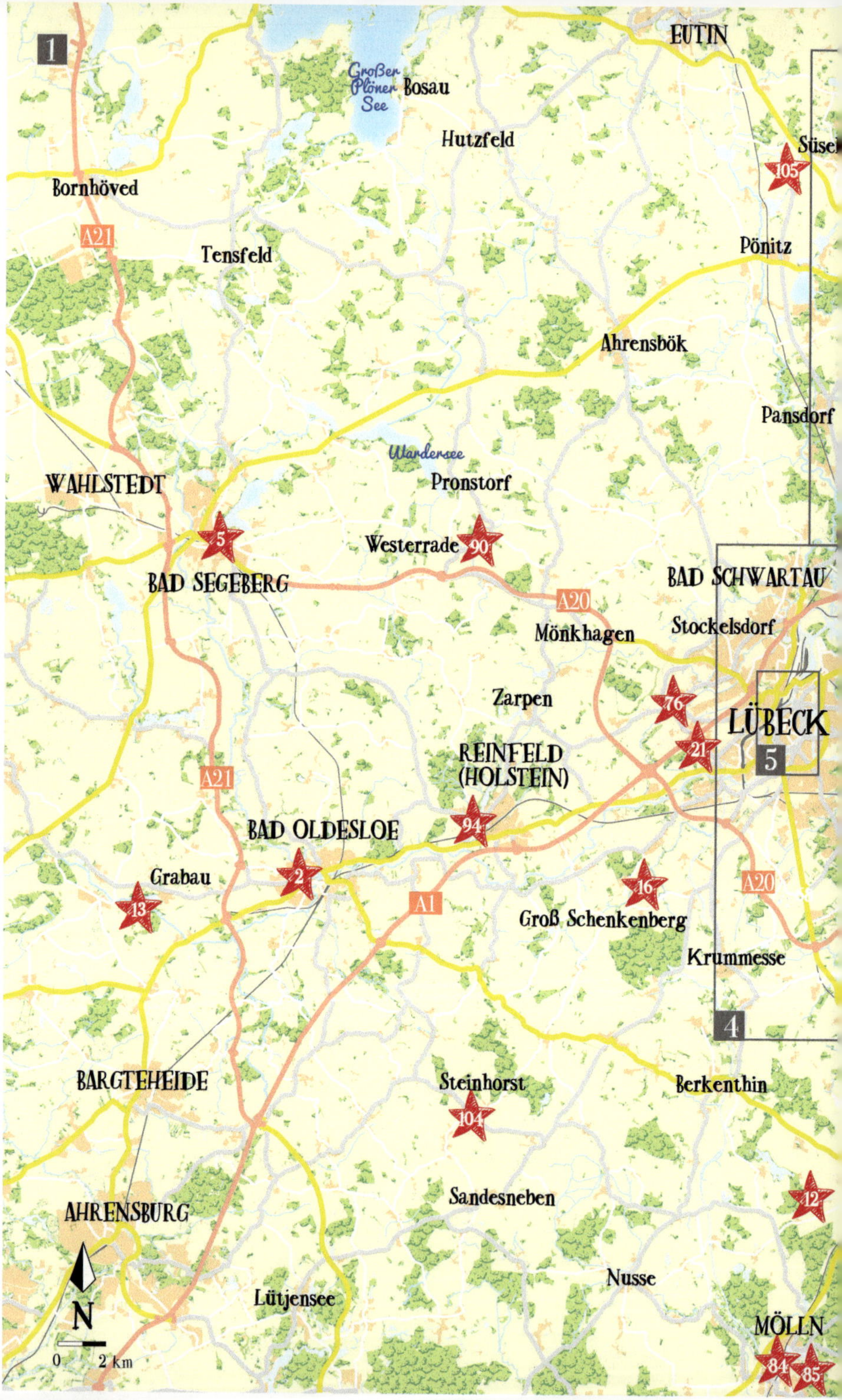

1
Großer Plöner See
Bosau
EUTIN
Hutzfeld
Süsel
105
Bornhöved
A21
Tensfeld
Pönitz
Ahrensbök
Pansdorf
Wardersee
Pronstorf
WAHLSTEDT
5
Westerrade
90
BAD SEGEBERG
BAD SCHWARTAU
A20
Mönkhagen
Stockelsdorf
Zarpen
76
LÜBECK
21
5
REINFELD (HOLSTEIN)
A21
94
BAD OLDESLOE
2
Grabau
13
16
A1
A20
Groß Schenkenberg
Krummesse
4
BARGTEHEIDE
Steinhorst
Berkenthin
104
Sandesneben
12
AHRENSBURG
Nusse
N
Lütjensee
MÖLLN
0
2 km
84
85

2
3
1
A1
NEUSTADT
Sierksdorf
Scharbeutz
Travemünde
A1
Rate-
kau
Pötenitz
Pötenitzer
Wiek
102
Dassower
See
10
DASSOW
Kalkhorst
17
Boltenhagen
8
7
19
18
KLÜTZ
Damshagen
Trave
Schlutup
Selmsdorf
GREVESMÜHLEN
SCHÖNBERG
Lüdersdorf
A20
A20
Groß
Grönau
REHNA
Utecht
Ratze-
burger
See
Thandorf
Carlow
Schlagsdorf
9
101
6
93
RATZEBURG
GADEBUSCH
Roggendorf
Mustin
11
Salem
Lützow
N
Schaalsee
0
2 km

3
N
0
1 km
Merkendorf
Bujendorf
NEUSTADT
Rettin
Pelzerhaken
86
88
87
Süsel
A1
103
Sierksdorf
100
Haffkrug
95
Scharbeutz
98
97
96
Klingberg
99
108
107
Timmendorfer Strand
110
Niendorf/
Ostsee
109
79
Brodten
Pansdorf
A1
Hemmelsdorf
Hemmels-
dorfer
See
Warnsdorf
Travemünde
92
78
77
83
82
80
81
Priwall
Offendorf
91
Ratekau
Ovendorf
Ivendorf
Pötenitzer
Wiek

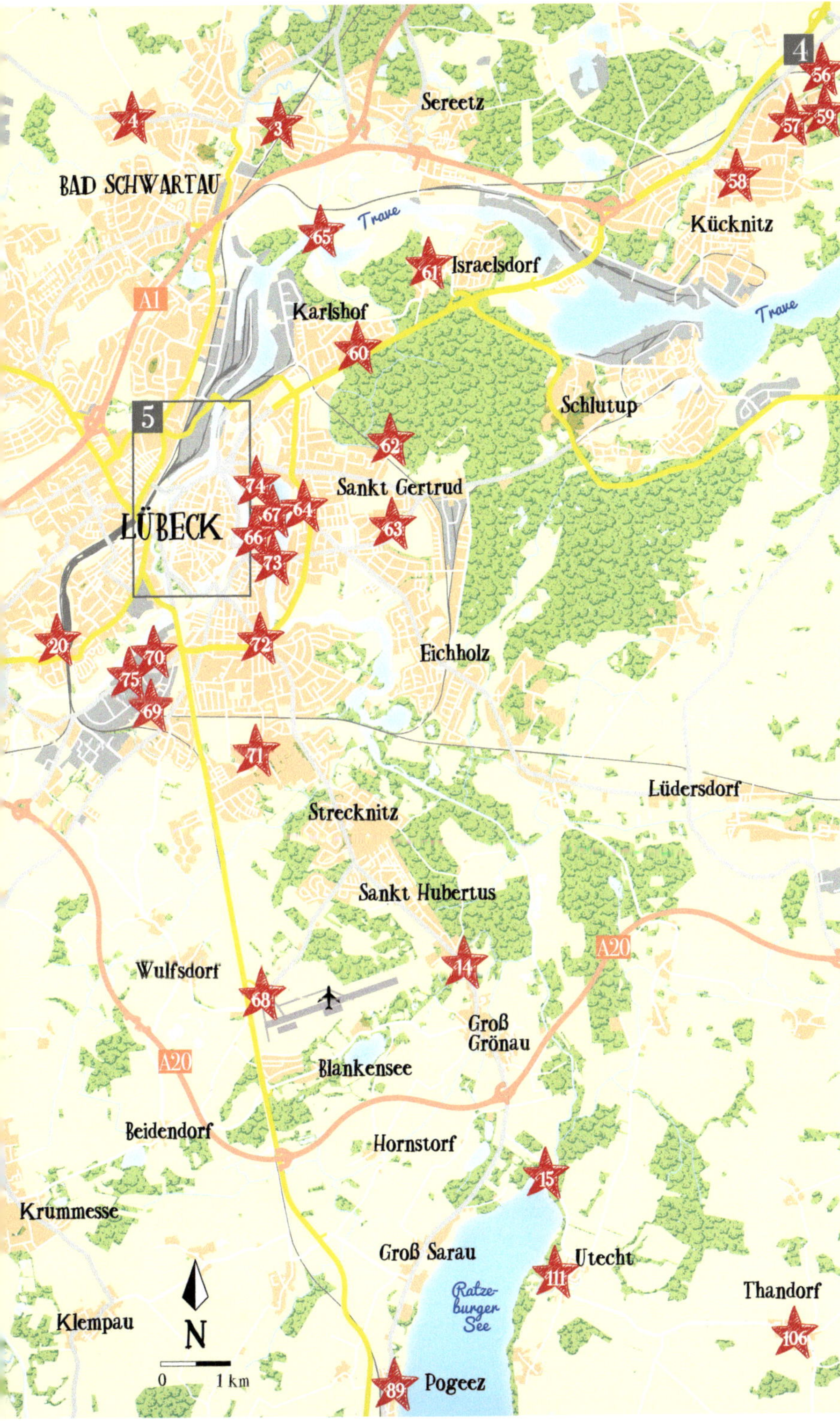

4
BAD SCHWARTAU
Sereetz
Trave
Israelsdorf
Kücknitz
A1
Karlshof
Trave
Schlutup
5
Sankt Gertrud
LÜBECK
Eichholz
Lüdersdorf
Strecknitz
Sankt Hubertus
A20
Wulfsdorf
Groß Grönau
A20
Blankensee
Beidendorf
Hornstorf
Krummesse
Groß Sarau
Utecht
Ratzeburger See
Thandorf
Klempau
N
0
1 km
Pogeez
4
3
56
57
59
58
65
61
60
62
74
64
67
66
63
73
72
20
70
75
69
71
14
68
15
111
106
89

5
49
37
Wallhafen
33
28
29
27
Trave
An der Untertrave
Klughafen
38
Drehbrücke
Große Burgstraße
Kanalstraße
45
44
43
53
Breite Straße
50
Beckergrube
52
24
32
40
22
36
LÜBECK
An der Untertrave
Schüsselbuden
Breite Straße
Königstraße
Fleischhauerstraße
47
26
48
39
42
34
Holstentor
Holstenstraße
Hüxstraße
Kanalstraße
46
31
Wahmstraße
55
25
Hüxterdamm
41
Trave
Krähenstraße
23
Marlesgrube
35
An der Obertrave
Mühlenstraße
Krähenteich
51
54
Mühlendamm
Mühlenteich
Wallstraße
Wallstraße
Mühlenbrücke
N
0
200 m
30

Alexandra Schlennstedt,
Jobst Schlennstedt
111 Orte in Lübeck, die man gesehen haben muss
ISBN 978-3-95451-564-6

Sina Beerwald
111 Orte auf Sylt, die man gesehen haben muss
ISBN 978-3-95451-511-0

Jana Jürß
111 Orte an der Mecklenburgischen Seenplatte, die man gesehen haben muss
ISBN 978-3-95451-536-3

Vito von Eichborn
111 Orte zwischen Lübeck und Kiel, die man gesehen haben muss
ISBN 978-3-95451-339-0

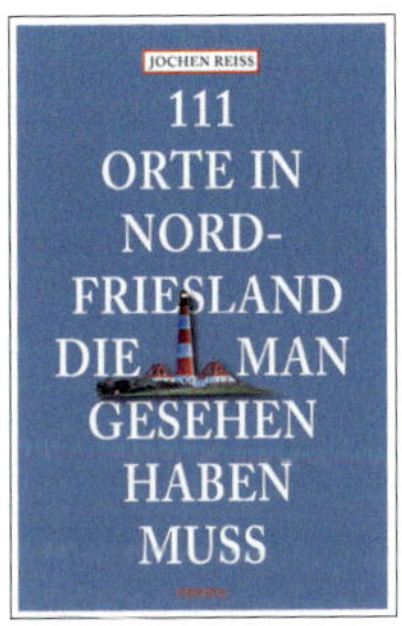

Jochen Reiss
111 Orte in Nordfriesland, die man gesehen haben muss
ISBN 978-3-95451-627-8

Jochen Reiss
111 Orte in Kiel, die man gesehen haben muss
ISBN 978-3-95451-705-3

Jela Henning, Jens Hinrichsen
111 Orte in und um Flensburg, die man gesehen haben muss
ISBN 978-3-7408-0241-7

Maren Kaschner, Anselm Neft
111 Orte auf Rügen, die man gesehen haben muss
ISBN 978-3-95451-837-1

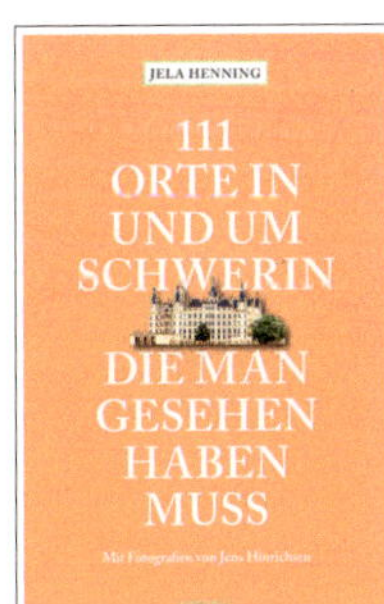

Jela Henning, Jens Hinrichsen
111 Orte in und um Schwerin, die man gesehen haben muss
ISBN 978-3-7408-0635-4

Daniela Clément
111 Orte für Kinder in Hamburg, die man gesehen haben muss
ISBN 978-3-7408-0334-6

Katja Josteit
111 Orte für Kinder in Kiel, die man gesehen haben muss
ISBN 978-3-7408-0641-5

Cornelia Kuhnert, Günter Krüger
111 Orte für Kinder in und um Hannover, die man gesehen haben muss
ISBN 978-3-7408-0333-9

Isa Grütering, Natascha Korol, Theresia Koch
111 Orte für Kinder in Berlin, die man gesehen haben muss
ISBN 978-3-7408-0251-6

Christina Bacher, Norbert Breidenstein
111 Orte für Kinder in Köln, die man gesehen haben muss
ISBN 978-3-7408-0332-2

Florian Kinast
111 Orte für Kinder in München, die man gesehen haben muss
ISBN 978-3-7408-0431-2

Bernadette Németh
111 Orte für Kinder in Wien, die man gesehen haben muss
ISBN 978-3-7408-0558-6

Franziska Lô
111 Orte für Kinder in und um Stuttgart, die man gesehen haben muss
ISBN 978-3-7408-0655-2

Charlotte Mohs
111 Orte für Kinder in Mainz, die man gesehen haben muss
ISBN 978-3-7408-0665-1

Julia Tzschätzsch
111 Orte für Kinder in Frankfurt, die man gesehen haben muss
ISBN 978-3-7408-0686-6

Jenny Menzel
111 Orte für Kinder in Dresden, die man gesehen haben muss
ISBN 978-3-7408-0837-2

Priska Lachmann
111 Orte für Kinder in Leipzig, die man gesehen haben muss
ISBN 978-3-7408-0654-5

Alexandra Schlennstedt, aufgewachsen in Baden-Württemberg, studierte Geografie in Bayern und fand 2004 in Lübeck ihre neue Heimat. Die Mutter von zwei Kindern hat für den Emons Verlag bereits 111 Orte an der Ostseeküste Schleswig-Holsteins und Mecklenburg-Vorpommerns sowie in der Lüneburger Heide, Ostwestfalen-Lippe und Lübeck bereist.

Jobst Schlennstedt wurde 1976 in Herford geboren. 21 Jahre blieb er der Stadt treu, ehe er sein Geografiestudium an der Universität Bayreuth begann. Seit Anfang 2004 lebt er in Lübeck. Im Emons Verlag veröffentlicht er Küsten- und Westfalen-Krimis sowie Titel aus der 111-Orte-Reihe.